ココミ

富山

五箇山 白川郷
立山黒部

すてきな思い出
作りましょ♪

桜、菜の花と、富山を代表する絶景・立山連峰とチューリップの豪華競演（☞P104）

©（公社）とやま観光推進機構

3000m級の山々と富山湾は
絶景とグルメの宝庫です

左：漁港に近くよい魚介が集まるので、回転寿司もハイレベル（☞P25）、右：高岡銅器の老舗メーカー・能作（☞P48）による逸品
下左から：大きな茅葺き屋根の家屋が立ち並ぶ五箇山の相倉合掌造り集落（☞P70）／高岡駅〜氷見駅を結ぶJR氷見線は、海のすぐそばを
走り、遠くに立山連峰を望むことも／黒部川上流に位置する黒部峡谷（☞P98）。深い谷に架かる鮮やかな朱色の橋は、トロッコ電車が通る橋だ

富岩運河環水公園（☞P18）では、美術館やグルメスポットに立ち寄りながら、のんびり過ごそう

富山城の城跡を整備した公園（☞P23）は、市民の憩いの場に

ガラスの街・富山を象徴する富山市ガラス美術館（☞P21）

駅や空港で富山が誇る名店のお菓子をゲット（☞P32）

街歩きの休憩で立ち寄りたいスイーツカフェは要チェック（☞P30）

富山タウン

のどかな水辺の風景と
アートの薫りを探しておさんぽ

薬売りの歴史でも名高い富山。かぜ薬のパッケージもユニーク（☞P35）

見た目も美しいます寿司は富山みやげの大定番（☞P27）

古き良き廻船問屋の町並みを今に残す岩瀬地区（☞P38）

富山湾の幸は、ぜひおいしいお酒と一緒に味わいたい（☞P28）

伝統・高岡銅器の技が詰まった巨大大仏（☞P46）

グルメ旅をするなら、紅ズワイガニのメニューが登場する秋〜冬がおすすめ（☞P58）

海の貴婦人と称された帆船海王丸と新湊大橋（☞P56）

高岡・氷見・新湊

きときとの富山湾の幸に舌鼓
伝統工芸品をお持ち帰り

高岡クラフトは、大切な人への贈り物にもぴったり（☞P48）

藤子・F・不二雄氏の出身地である高岡では、街中にドラえもんが（☞P51）©Fujiko-Pro

氷見漁港場外市場 ひみ番屋街（☞P52）では、魚介以外にも、氷見グルメが集まっている

五箇山にある合掌造り集落の一つ、菅沼合掌造り集落（☞P71）は、隠れ里のようだ

五箇山では古くから受け継がれてきた民謡にふれてみたい（☞P76）

白川郷の合掌造り家屋で滋味深い郷土料理をいただきます（☞P80）

五箇山・白川郷

世界遺産にも登録された
素朴な農村風景にほっこり

五箇山和紙を使った雑貨を普段使いにしてみては（☞P73）

水分が少なく、固めの食感が特徴の五箇山豆腐（☞P73）

黒部ダムのスケールを歩いて体感してみよう（☞P88）

ロープウェイに乗って黒部湖や北アルプスの山々を見渡す空中散歩へ（☞P90）

立山黒部アルペンルート

壮大な山岳ルートでは
一生モノの絶景に出合えます

ライチョウなど珍しい野鳥や動物に出合えるかどうかも楽しみ（☞P94）

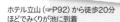

四季折々の高山植物を探しながら散策するのも一興（☞P90）

ホテル立山（☞P92）から徒歩20分
ほどでみくりが池に到着

宇奈月温泉の宿では、温泉と絶品料理でくつろぎのひとときを（☞P102）

セレネ美術館（P104）で、黒部の自然が描かれた作品を鑑賞

黒部峡谷・宇奈月温泉

四季折々の渓谷美と名湯で
心と体を癒やしましょう

黒部峡谷トロッコ電車の沿線には秘湯宿が点在している（☞P100）

小さなトロッコ電車が紅葉で彩られた黒部峡谷を進む（☞P98）

富山ってどんなところ?

立山黒部の山岳絶景と極上の海鮮が魅了する

残雪をいただく立山連峰に象徴される、山岳エリアの絶景で知られる富山。天然の生簀と称される富山湾には500種類もの魚介が生息し、漁港のある氷見や新湊(☞P44)は海鮮グルメの宝庫です。峡谷沿いをトロッコ電車で巡る黒部峡谷(☞P98)や、加賀藩時代の歴史や伝統もみどころです。

富山県を象徴する富山湾(☞P14)と立山連峰(☞P86)

トロッコ電車で紅葉が彩る黒部峡谷を満喫(☞P98)

おすすめシーズンはいつ?

絶景探訪なら春から秋、富山湾の地魚を味わうなら冬

春には、氷見の海岸線から富山湾越しにそびえる残雪の立山連峰が見られます。夏は3日間にわたって開催されるおわら風の盆(☞P42)を見に越中八尾へ。秋は黒部峡谷を彩る錦繍の紅葉が見事です。グルメは季節で実に多彩。でも寒ブリや紅ズワイガニなど、冬の魚介は別格のおいしさです。

富山へ旅する前に知っておきたいこと

恵み豊かな山海の景観、グルメ、歴史と伝統。
魅力あふれる北陸富山は、鉄道網が充実した街。
秘境の景色も温泉も、たっぷり満喫しましょう。

どうやって行く？

東京から富山駅までは新幹線、名古屋・大阪方面からはJR線

東京からは新高岡、富山駅、黒部宇奈月温泉まで新幹線で行けるので、この各駅を拠点するのも便利。大阪・名古屋からは高速バスのほか、JR線で金沢を経由し新幹線を利用して富山へ。エリア内のみどころへは、五箇山・白川郷を除いてすべて鉄道でアクセスすることができます。

富山駅を出てすぐの
神通川橋梁を渡る
北陸新幹線

観光にどのくらいかかる？

街なかは1日でもOK
五箇山・黒部は1泊したい

富山タウン（☞P16）、高岡・氷見・新湊（☞P44）は移動の交通手段も便利なので1日でまわることが可能だが、1泊して周辺観光を楽しむのもおすすめ。五箇山、黒部峡谷、立山黒部アルペンルートはぜひ1泊2日のプランで温泉やグルメ、宿泊者だけが体験できる美しい景色や散策などを楽しんで。

五箇山では、宿泊して人の少ない
朝の散歩を楽しみたい（☞P70）

富山らしい体験をするなら？

山岳風景と伝統文化を体感、
多彩な食文化も味わって

大自然を体感できる立山黒部アルペンルートの横断やトロッコ電車で行く黒部峡谷。富山ならではの味覚を満喫するなら氷見や新湊、富山タウンへ。日本の原風景に出会える五箇山の合掌造り集落、高岡の鋳物（☞P48）、富山タウンではガラス製品や製薬業など、伝統文化にもぜひふれてみては。

冬の味覚を代表する
紅ズワイガニは、コース
料理で楽しみたい（☞
P58）

富山 五箇山・白川郷 立山黒部って こんなところ

3000m級の立山連峰を背に、世界有数の美しい湾を抱く富山。険しくも美しい大自然の中に息づく伝統文化や、魚介をはじめ豊かな食文化の宝庫で知られる。

観光のみどころ5つのエリア

運河が流れ路面電車が走る富山タウンは薬製造やガラス産業で発展した県の中心エリア。南部の豪雪地帯には世界遺産の五箇山・白川郷の合掌造り集落が広がり、日本最古の民謡や手漉き和紙など伝統文化に出合える。北アルプスに連なる立山黒部は、標高3000m級の山岳地帯を横断する観光ルートや日本一深いV字峡谷などダイナミックな魅力にあふれる。

プランニングは鉄道にバスを 上手に組み合わせて

エリア内に3つある北陸新幹線の駅を拠点に、5つのエリア間はすべて鉄道で移動することができる。富山市内は路面電車の市電を使うのが便利。五箇山・白川郷へは高岡と城端から出るバスのみで、フリーきっぷが使いやすい。JR氷見線やJR城端線の観光列車も運行しているのでチェックしておきたい。

富山アクセスMap

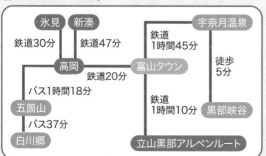

- 氷見 —鉄道30分— 高岡
- 新湊 —鉄道47分— 高岡
- 高岡 —鉄道20分— 富山タウン
- 高岡 —バス1時間18分— 五箇山
- 五箇山 —バス37分— 白川郷
- 富山タウン —鉄道1時間45分— 宇奈月温泉
- 宇奈月温泉 —徒歩5分— 黒部峡谷
- 富山タウン —鉄道1時間10分— 立山黒部アルペンルート

とやまたうん
富山タウン ①

・・・P15

城下町として栄えた歴史のある街。路面電車の南北接続により運河周辺や美術館などへの散策がより便利に。駅周辺には富山湾の新鮮な魚介をはじめご当地グルメ店が集結する。

▲展望台やカフェもある富岩運河環水公園

▶新鮮な季節のネタが並ぶ富山湾鮨は必食

ひと足延ばして

いわせ 岩瀬 ・・・P38	えっちゅうやつお 越中八尾 ・・・P40
江戸時代に北前船の寄港地として栄え、今も歴史的な街並みが残る。	おわらの風の盆など、江戸時代の町人文化や町家の家並みが見られる。

ごかやま・しらかわごう
五箇山・白川郷 ③

・・・P67

豪雪地帯に点在する合掌造りの集落で知られる五箇山と白川郷。日本の原風景を思わせるのどかな里山風景は、ともに世界遺産に登録された世界に名だたる観光スポット。

▲山あいの隠れ里のような五箇山の相倉集落

高岡・氷見・新湊 ②

たかおか・ひみ・しんみなと

・・・P43

富山第2の都市・高岡は銅器など鋳物が盛んなものづくりの街。氷見はブリ、新湊は紅ズワイガニなど、新鮮な魚介グルメが楽しめる人気のベイエリア。

▲高岡銅器のシンボルとして鎮座する高さ16mの高岡大仏

ひと足のばして

となみ	じょうはな	いなみ
砺波	**城端**	**井波**
・・・P62	**・・・P64**	**・・・P66**
春には300万本のチューリップが咲き誇り、イベントも開催される。	越中小京都と称され、石畳の道や路地のノスタルジックな街並みが魅力。	木彫りの街として知られ、彫刻工房が軒を連ねる八日町がみどころ。

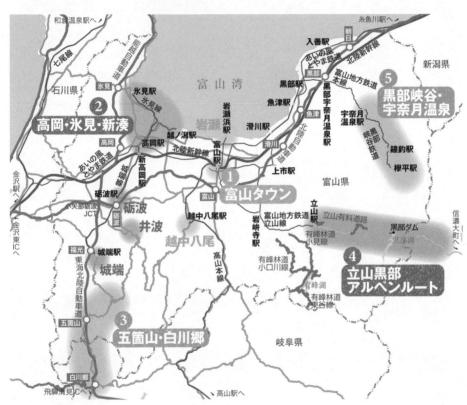

立山黒部アルペンルート ④

たてやまくろべあるぺんるーと

・・・P85／折込表

日本一の高さを誇る黒部ダムを有する北アルプスの観光山岳ルート。ロープウェイなど6つの乗り物で標高3000mを超える絶景ルートを横断する。

▲黒部ダムの観光放水は迫力満点

黒部峡谷・宇奈月温泉 ⑤

くろべきょうこく・うなづきおんせん

・・・P95

黒部峡谷は、トロッコ電車でしか往復することのできない北アルプスの秘境。発着駅の宇奈月温泉には美肌の湯と絶景自慢の温泉宿が立ち並ぶ。

▲絶景の峡谷を走るトロッコ電車

出発ー！

8:50 富山駅

新幹線、在来線がとまる富山の玄関口。ここからまずは徒歩で富岩運河環水公園へ。

富山のシンボル

9:00 富岩運河環水公園

富山市民の憩いの場。展望塔や眺めの良いカフェや散策を楽しもう（☞P18）。

9:50

環水公園から、いたち川沿いの美術館プロムナードを通って富山県美術館へ（☞P19）。

10:00 富山県美術館

アートを楽しんだら「オノマトペの屋上」にも足を運んでみよう（☞P20）。

ランチ

11:30 白えび亭

ランチは地元の人気店で名物の白エビが贅沢に盛られた刺身丼を堪能して（☞P26）。

13:00 池田屋安兵衛商店

和漢薬や薬草で調剤も受けれる歴史ある薬舗。丸薬製造の様子も見学したい（☞P35）。

14:30 富山市ガラス美術館

現代ガラスのコレクションや県内の作家の作品もずらり。ショップも必見（☞P21）。

16:30 城址公園

再建された天守閣は富山市の郷土博物館に。日本庭園も散策してみよう（☞P23）。

おやすみ…

18:00 美乃鮨

白エビやバイ貝など地物ネタが並ぶ名店の富山湾鮨でゆっくりディナーを（☞P24）。

21:00 ホテルJALシティ富山

富山駅に戻り、南口から徒歩3分のラグジュアリーホテルで1日目が終了（☞P34）。

8:20 高岡駅へ

富山駅からあいの風とやま鉄道線で高岡駅へ。駅北のドラえもんの散歩道へ（☞P51）。

©Fujiko-Pro

8:30 高岡大仏

駅から徒歩約10分。青銅製で高さ16mの日本三大仏の一つを拝みに行こう（☞P46）。

2泊3日でとっておきの富山の旅

富山タウンを拠点に、伝統文化と海鮮グルメを楽しみ、ものづくりの街・高岡と世界遺産の五箇山へ。合掌造りの宿泊や和紙文化も満喫しましょう。

高岡市
9:30 藤子・F・不二雄ふるさとギャラリー

ドラえもんの原画や愛用品などを通して、氏の創作の原点にふれてみよう（☞P51）。
©Fujiko-Pro

大寺幸八郎
11:00 商店

高岡クラフトの鋳物作品や錫製のアクセサリーが並ぶギャラリー＆カフェへ（☞P49）。

11:30 漆器くにもと

高岡漆器の優美な工芸品が並ぶ漆器店。多彩なクラフト雑貨も販売する（☞P49）。

COMMA, COFFEE STAND
12:00

土蔵造りの町・山町筋のおしゃれなカフェで地元食材のランチを楽しむ（☞P47）。

相倉合掌
14:50 造り集落

高岡から世界遺産バスに乗って約1時間30分で秘境の相倉合掌造り集落へ（☞P70）。

🌙 おやすみ…
16:30

1日1組限定の合掌造りの民宿 勇助に宿泊。囲炉裏で郷土料理やお酒に舌鼓（☞P75）。

✸ 3日目 ✸
9:00

早朝の集落を散策し、五箇山和紙漉き体験館で和紙作りにもチャレンジ（☞P74）。

11:00

おみやげ・お食事処 相倉屋で特産品や民芸品のおみやげ探しを楽しむ（☞P73）。

菅沼合掌
12:20 造り集落

相倉口からバスで約15分、菅沼合掌造り集落の資料館見学と散策に向かう（☞P71）。

🌙 ちょっとひと休み
13:30

土産・お休み処あらいで、特産の五箇山豆腐など滋味あふれるお昼を（☞P75）。

五箇山から
14:20 富山駅へ

バスに乗り高岡駅経由で富山駅へ。駅構内や周辺でおみやげ探しを楽しみたい。

到着ー！
16:40 富山駅

駅ナカや隣接する「とやマルシェ」にはお弁当やみやげ物がいっぱい（☞P33）。

行きたい場所はほかにもいっぱい！
立山黒部アルペンルートや黒部峡谷もおすすめです

6つの乗り物で行く観光アルペンルート

標高3000m級の山岳コースを通り抜けるコースと、黒部ダムなどみどころを押さえた日帰りコースが選べます。（☞P86、折込表）

トロッコ電車で行く癒やしの黒部峡谷

北アルプスに刻まれた日本一深いV字峡谷に広がる絶景。トロッコ電車で巡る秘境の旅が楽しめます。（☞P98）

ココミル♣
cocomiru

富山
五箇山 白川郷
立山黒部

Contents

●表紙写真
表）割烹 かわぐち（P58）／フルーツパーラーむらはた 富山大和店（P30）／あさひ舟川「春の四重奏」（P104）／池田屋安兵衛商店（P35）／黒部峡谷トロッコ電車（P98）／まつ川（P27）／相倉合掌造り集落（P70）
裏）上：高岡大仏（P46）／下右：割烹 翁（P58）／下左：雨晴海岸（P50）

<table>
<tr><td colspan="2">〈マーク〉</td></tr>
</table>

〈マーク〉
- 🏛 観光みどころ・寺社
- ♪ プレイスポット
- 🍴 レストラン・食事処
- 🌙 居酒屋・BAR
- ☕ カフェ・喫茶
- 🛍 みやげ店・ショップ
- 🏨 宿泊施設

〈DATAマーク〉
- ☎ 電話番号
- 住 住所
- ¥ 料金
- 時 開館・営業時間
- 休 休み
- 交 交通
- P 駐車場
- 室 室数
- MAP 地図位置

旅のプロローグ
3000m級の山々と富山湾は
絶景とグルメの宝庫です …2
富山へ旅する前に知っておきたいこと …6
富山 五箇山・白川郷・立山黒部ってこんなところ …8
2泊3日でとっておきの富山の旅 …10

ふむふむコラム
不思議がいっぱい！富山湾の秘密 …14

水辺の風景と芸術の薫りを楽しむ
富山タウンから旅を始めましょう …15

富山タウン …16
🏛 富山のシンボル
富岩運河環水公園を散策しましょう …18
🏛 アートの街・富山を代表する
2大ミュージアムへ …20
🏛 市民の足・市電に乗って
富山タウンの観光へ出発！ …22
🍴 トレピチ魚介の魅力が凝縮！
富山自慢の寿司を召し上がれ …24
🍴 地元で愛され続ける
個性豊かなソウルフードたち …26
🌙 富山が誇る新鮮魚介の料理を
日本酒と一緒にいただきます …28
☕ スイーツがおいしいカフェで
くつろぎのひとときを過ごしましょう …30
🛍 おいしい富山をお持ち帰り！
駅や空港で味みやげを探しましょう …32
🏛 富山タウンのおすすめスポット …34

ふむふむコラム
江戸時代から続く薬都・富山の製薬業 …35
🏛 富山タウンMAP …36
🏛 北前船で栄えた街並み・岩瀬には
レトロな雰囲気が残っています …38
🏛 石垣、町家、祭りが織りなす
越中八尾の風景にうっとり …40

ふむふむコラム
美しく幻想的な祭り
越中八尾 おわら風の盆 …42

高岡・氷見・新湊で出合うモノや料理には、
匠の技と進取の気性が見られます …43

高岡・氷見・新湊 …44
🚃 格子造りの家々が軒を連ねる
伝統と文化の街・高岡をおさんぽ …46
🎨 見て、買って、体験して。
高岡クラフトの魅力にふれましょう …48
◎ 高岡のおすすめスポット …50

ふむふむコラム
みんな大好き！ドラえもんに会いに行こう …51

🐟 氷見漁港場外市場 ひみ番屋街で
新鮮魚介を堪能！ …52
🍴 海の幸、ブランド牛、うどん…
氷見の名物グルメをいただきます …54
🚶 富山屈指の人気ベイエリア
水門の街・新湊をおさんぽ …56
🍴 新湊の割烹で
憧れの紅ズワイガニに舌鼓！ …58
🗺 高岡・氷見・新湊MAP …60
🌷 雄大なチューリップ畑と田園風景。
砺波の2大絶景スポットに感動 …62
🏘 越中の小京都とよばれる
ノスタルジックな城端の町へ …64

ふむふむコラム
木彫りの街を歩いたら
楽しい彫刻に遭遇しました …66

昔懐かしい里山の自然と文化に感動。
世界文化遺産の五箇山・白川郷へ …67

五箇山・白川郷 …68
🏘 日本のふるさとに出会えます。
五箇山の2大合掌造り集落へ …70
🎁 文化と歴史が受け継がれた
五箇山のグルメ＆おみやげ …72
◎ 五箇山のおすすめスポット …74

ふむふむコラム
9月に開催される祭りで
民謡の宝庫・五箇山を知る …76

🗺 五箇山MAP …77

🏘 合掌造り家屋が立ち並ぶ
日本の原風景・荻町を散策しましょう …78
🍴 荻町の合掌造り家屋で
地元食材たっぷりのランチにほっこり …80
🏠 合掌造りの宿に泊まって
山里の暮らしを体験しましょう …82
◎ 白川郷のおすすめスポット …83
🗺 白川郷MAP …84

雲上に広がる立山黒部アルペンルートには、
無限大の感動が待っています …85

立山黒部アルペンルート …86
🚡 高さ日本一のアーチ式ダム！
迫力のある放水を見に展望台へ …88
🚡 立山ロープウェイが結ぶ
2つの駅で絶景観賞しましょう …90
🏠 満天の星やご来光が見られる
雲上の宿に泊まりましょう …92

ふむふむコラム
立山黒部アルペンルートに生息する
動物・野鳥たち …94

黒部峡谷・宇奈月温泉では、
自然美と温泉に心も体も癒やされます …95

黒部峡谷・宇奈月温泉 …96
🚃 トロッコ電車に揺られて、
絶景が待つ秘境に旅しましょう …98
🚃 トロッコ電車でしか行けない
黒部峡谷の秘湯宿へ …100
🏠 峡谷美が広がる宇奈月温泉の宿で
四季折々の景色を堪能しましょう …102
◎ 宇奈月温泉のおすすめスポット …104

ふむふむコラム
黒部峡谷と黒部ダムを結ぶ新しい観光ルート …105

🎫 富山の知っておきたいエトセトラ …106
ℹ 富山への交通 …108
INDEX …110

不思議がいっぱい！
富山湾の秘密

富山湾は相模湾、駿河湾と並ぶ深さで、日本海側で若狭湾に次ぐ大きな湾。
「天然の生け簀」、「神秘の海」とよばれる富山湾の謎に迫ります。

港の目の前に広がる豊かな漁場
富山湾はきときとな魚介の宝庫

富山湾は、沿岸近くから急激に海が深くなる独特の海底地形をもつ。そのため漁場が港に近く、魚介が新鮮なうちに市場へと運ばれる。最深部が1200m以上もある深い湾内に、暖水を好むブリやホタルイカ、冷水を好む白エビなど、種類豊富な魚介が生息。海底には深く刻まれた海底谷が広がり、白エビなどの格好のすみかとなっている。富山湾の独特の地形が、「天然の生け簀」とよばれる豊かな漁場を生み、さらには、不思議な現象も生み出している。

黒部川 / 片貝川 / 魚津埋没林博物館 / 富山湾 / 庄川 / 神通川 / 常願寺川 / 滑川駅 / 魚津駅 / しんきろうロード / ほたるいかミュージアム / 富山駅 / 立山 / N / 10km

=== 富山湾で見られる神秘的な現象 ===

ホタルイカ
富山湾の春の風物詩

産卵のため、春に富山湾に押し寄せる。身の危険を感じると、体内の発光器が青白く光る。沿岸近くで大群のホタルイカの発光が見られるのは富山湾だけ。

ほたるいかみゅーじあむ
ほたるいかミュージアム

ホタルイカの生態を展示と映像で紹介する。みどころは、3月20日〜5月下旬に行われるホタルイカの発光ショー。**DATA** ☎076-476-9300 住滑川市中川原410 ¥入館620円（3月20日〜5月31日は820円）⏰9〜17時（入館は〜16時30分）休火曜（祝日の場合は翌日）、3月20日〜5月31日は無休、臨時休館あり 交富山からあいの風とやま鉄道で16分、滑川駅下車、徒歩8分 P164台 **MAP** 折込裏E2

▶生きたホタルイカの発光ショー（期間限定）。画像はイメージ、詳細は要問合せ

しんきろう
揺らめく不思議な風景

大気中の光の屈折によって景色が上下に伸びたり、上下逆転して見える現象。3月下旬〜6月上旬が見頃だが、特別な気候条件が必要。魚津が特に有名。

しんきろうろーど
しんきろうロード

ミラージュランド〜経田漁港を結ぶ湾岸沿い道路約8kmが蜃気楼観測のベストポジション。気温が18℃以上で北北東の微風が吹く日に出現しやすいという。**DATA** ☎0765-22-2244（魚津駅前観光案内所）住魚津市漁港堤防割 ¥⏰散策自由 交富山駅からあいの風とやま鉄道で25分、魚津駅下車、徒歩20分 P100台 **MAP** 折込裏F2

▲出現時期は3月下旬〜6月下旬

魚津埋没林
海岸にあったスギ林跡

約2000年前の杉の原生林が片貝川の氾濫による土砂で埋まり、地中で保存された埋没林。樹齢200年以上の樹根が朽ちずに残り、国の特別天然記念物に指定。

うおづまいぼつりんはくぶつかん
魚津埋没林博物館

約2000年前の埋没林を出土場所で展示。樹齢200年を超える巨大な樹根に触れることもできる。**DATA** ☎0765-22-1049 住魚津市釈迦堂814 ¥入館640円 ⏰9〜17時（入館は〜16時30分）休12月〜3月15日の木曜（祝日の場合は営業）交富山駅からあいの風とやま鉄道で25分、魚津駅下車、魚津市民バスで10分、埋没林博物館前下車すぐ P100台 **MAP** 折込裏F2

▲国の特別天然記念物に指定されている

水辺の風景と芸術の薫りを楽しむ
富山タウンから旅を始めましょう

加賀藩前田家の城下町や薬都として栄えた歴史がある県庁所在地。街の風景と調和するおしゃれなアートでも注目を集めています。街からひと足延ばして、かつて北前船で栄えた岩瀬や、おわら風の盆で有名な越中八尾にも行ってみましょう。

これしよう！
県民自慢の
名物料理は必食
富山湾の幸が詰まった
にぎりや、薬膳料理、
富山ブラックに舌鼓
(☞P24、P26)。

富山タウンは
ココにあります！

氷見　新湊　宇奈月温泉
高岡　　黒部峡谷
富山タウン
立山黒部
アルペン
ルート
五箇山
白川郷

access

🚃 電車

| JR富山駅 |
↓ 徒歩5分
| 電鉄富山駅 |
↓ 環状線4分　　↓ 南富山駅前行き8分
| 丸の内 |　| 西町 |

問合せ
☎076-443-2072(富山市観光政策課)
☎076-439-0800(富山市観光協会)
MAP P36-37

これしよう！
運河周辺や美術館は
街の人気スポット
富岩運河環水公園(☞P18)や、
富山市ガラス美術館(☞P21)で
美しい風景や作品にふれる。

▲「グラス・アート・パサージュ」展示風景

タウン観光は市電が便利
約100年の歴史をもつ富山地鉄市内電
車、通称「市電」。市電とバス（富山駅
前から280円区間）が1日乗り放題のフ
リーきっぷや、グルメクーポン付きのき
っぷなど有効に活用したい。
☎076-432-3456（富山地鉄テレホンセン
ター、平日8時30分〜17時30分）¥運
賃210円／1日フリーきっぷ650円／ぐるっ
とグルメぐりクーポン1000円（クーポン2枚
付き）、1500円（クーポン5枚付き）

シェアサイクルで街を周遊

富山タウンで
は、23カ所に
設置されたス
テーションで、
自転車のレン
タルと返却を
行うシェアサ
イクル・アヴィ
レが利用できる。HP、ホテル、とやま観
光案内所などで申込んで利用する。☎
0120-979-496（シクロシティ、平日10〜
17時）🕐24時間 ¥基本料金（1日パス・2
日パス）500円+利用料金30分以内無料、
31〜60分200円、60分以降は30分500
円 ㊡無休 URL www.cyclocity.jp

水辺の街を路面電車に乗ってのんびり巡る

富山タウン
とやまたうん

こんなところ

富山駅を中心に南北に流れる神通川や
運河が広がる水辺の街。富岩運河環水公
園周辺には人気スポットが点在し、クル
ーズや散策が楽しい。アートな街として
も注目され、便利な路面電車に乗って美
術館巡りをするのもおすすめ。名物の富
山湾鮨やバイ貝など鮮度抜群の魚介グ
ルメも外せない。

富山タウン

とやま観光案内所
富山駅構内クラルテ1階内にあり、各種パンフレットが揃うほか、フリーきっぷの購入もできる。☎076-431-3255 **MAP**P37B1

MAROOT
2022年3月にオープンした駅ビル。富山の魚介類が手に入るスーパーや、地酒が楽しめるバル、駅前広場・路面電車を見下ろせるレストランなどが集結する。☎076-445-4510 **MAP**P37B1

2 富山県美術館（☞P20）

1 富岩運河環水公園（☞P18）

3 白えび亭（☞P26）

富山駅

MAROOT・電鉄富山駅

4 池田屋安兵衛商店（☞P22・35）

江戸前 寿司正 **6**（☞P24）

5 富山市ガラス美術館（☞P21）

富山タウン おすすめコース

おすすめコースはぐるっと回って **11時間**

午前中は富岩運河環水公園周辺をおさんぽ。富山駅で名物グルメを味わったら、市内電車で駅の南側へ。薬とガラスの街・富山を満喫したら、富山湾鮨で夜ごはんにしよう。

スタート 富山駅 ▶ **1** 富岩運河環水公園 見学 ▶ 徒歩9分 **2** 富山県美術館 見学 ▶ 徒歩2分 **3** 白えび亭 食べる ▶ 徒歩20分 **4** 池田屋安兵衛商店 見学 ▶ 市電と徒歩で15分 **5** 富山市ガラス美術館 見学 ▶ 徒歩3分 **6** 江戸前 寿司正 食べる ▶ 徒歩5分 ゴール 富山駅 市電と徒歩で20分

富山のシンボル
富岩運河環水公園を散策しましょう

水と緑が豊かな市民の憩いの公園は優雅におさんぽを楽しんだり、
カフェでのんびり過ごしたり楽しみいろいろ。周辺の人気スポットもご紹介します！

天門橋は公園のシンボル的存在。
周辺には水辺散策に立ち寄りたい、
おしゃれなお店も充実している

▶STARBUCKS
COFFEE 富山環
水公園店（MAP
P36B1)の建物は、
水辺の風景に溶け
込む、ご当地ランド
マークの店舗

ふがんうんがかんすいこうえん
富岩運河環水公園

水の街・富山を感じる憩いの場所

富岩運河の旧舟だまりに整備された、緑豊かな水辺の公園。園内には雄大な立山連峰を望むことができる展望塔があり、四季折々のライトアップも美しい。運河や中島閘門を巡る運河クルーズ・富岩水上ラインも運航。

☎076-444-6041 🏠富山市湊入船町 💰
🕐🈺園内自由（展望塔9時～21時30分）🚉
富山駅から徒歩9分 🅿244台（一部有料）
MAP P36B1

＼のんびり運河クルーズの旅へ／

ふがんすいじょうらいん
富岩水上ライン

環水公園から港町・岩瀬（☞P38）を結ぶ運河クルーズ。途中、昭和9年（1934）に造られた国指定重要文化財中島閘門を通過。水位差を二対の扉で調節するパナマ運河方式で最大水位差2.5mの「水のエレベーター」を体験できる。

☎076-482-4116 🏠富山市湊入船町 💰環水公園～岩瀬カナル会館 片道1700円（路面電車片道乗車券付、小学生半額）、環水公園～中島閘門 往復1400円（小学生半額）🕐🈺3月下旬～11月下旬運航（運航時間はHPにて要確認）🚉富山駅から徒歩9分 🅿あり（一部有料）MAP P36B1

富岩運河環水公園のみどころをチェックしましょう！

美食と憩いの体験エリアへ

「環水テラス」は、公園に向かって大きなガラス窓がある開放的な商業施設で、北陸の食や文化の魅力を発信している。
☎なし **MAP** P36B1

© Nacasa & Partners

てんもんきょう
天門橋

3つの橋を合わせたユニークな形状の橋。両端にエレベーター付きの展望塔があり、立山連峰の眺望や運河の歴史パネルなどが展示されている。

全長58mの橋面はタイルと木張り

イルミネーションにも注目

地図
→P20
富山県美術館
キュイジーヌフランセーズ ラ・シャンス
環水テラス
野外劇場
あいの島・バードサンクチュアリ
牛島閘門
富山水上ライン乗降場
天門橋
La locanda del pittore 環水公園
STARBUCKS COFFEE 富山環水公園店
富岩運河環水公園
美術館プロムナード
牛島本町
泉と滝の広場
親水広場
とやま自遊館
富山市総合体育館
N
150m

いずみとたきのひろば
泉と滝の広場

川の上流部をイメージした落差3.7mの滝と、湧水に見立てた水盤がある。広場は年間を通してライトアップされ、水と光の競演を楽しむことができる。

水のカーテンと光が調和する

びじゅつかんぷろむなーど
美術館プロムナード

環水公園から富山県美術館までのいたち川沿いの遊歩道。アート作品の展示・販売、ワークショップなどを実施するイベント「アートワゴン」が不定期で開催されている。

散策しながらアートを感じる

散策の休憩に立ち寄りましょう

市民憩いの公園周辺には話題のスポットが集まっています。人気のカフェや絶景レストランなどは要チェック！

きゅいじーぬふらんせーず ら・しゃんす
キュイジーヌフランセーズ ラ・シャンス

公園を一望するレストラン。1階はカジュアルなブラッセリー。2階ダイニングでは地元食材を使用したフレンチコースが楽しめる。

▲大きな窓が開放感抜群のブラッセリー

☎076-445-1200 **住**富山市木場町16-1富岩運河環水公園内 **時**1階ブラッセリー11時〜13時30分LO、18〜20時LO（2階のダイニングは予約制）**休**火・水曜（祝日の場合は営業）**交**富山駅から徒歩16分 **P**環水公園無料駐車場利用 **MAP** P36B1

ら ろかんだ でる ぴっとーれ かんすいこうえん
La locanda del pittore 環水公園

湯沢・軽井沢などで人気の「ピットーレ」の富山店。石窯で焼くピッツァは外はカリッ、中はもっちり。ワインの品揃えも豊富。内装などお店の造りにもスタッフが関わる。

▲イタリアンハムと半熟卵のビスマルク2850円、ボンゴレ1450円など

☎076-482-3308 **住**富山市湊入船町3-3 **時**11時30分〜14時LO、17時30分〜21時LO **休**火・水曜（変動あり。HPなどで要確認）**交**富山駅から徒歩16分 **P**24台 **MAP** P36B1

📖 | STARBUCKS COFFEE 富山環水公園店の店内はガラス張りになっていて、運河の風景や天門橋が見渡せます。

アートの街・富山を代表する 2大ミュージアムへ

さまざまな「デザイン」を見せてくれる美術館と、美しいガラスの世界が広がる美術館。
どちらも知的好奇心を満たしてくれる展示が揃っています。

とやまけんびじゅつかん

富山県美術館

デザインの魅力をちりばめた美術館

ガラス張りの東面から雄大な立山連峰を一望。建築は内藤廣氏、ロゴマークは永井一正氏、ユニフォームは三宅一生氏と豪華な顔ぶれ。「アートとデザインをつなぐ」をコンセプトの一つとして、ピカソやミロ、ロートレック、藤田嗣治などの作品をはじめ世界の近・現代アートやポスター、椅子などのデザインコレクションを展示。

☎076-431-2711 住富山市木場町3-20 ¥コレクション展300円（企画展は展覧会により異なる）⏰9時30分～18時（入館は～17時30分）、ミュージアムショップ10時～、飲食店は店舗により異なる、屋上庭園8～22時（入園は～21時30分）休水曜（祝日を除く）、祝日の翌日、屋上庭園は12月1日～3月15日 交富山駅から徒歩15分 P103台（2時間まで無料）MAP P36B1

1 オノマトペの屋上。デザイナーの佐藤卓氏が、オノマトペ（擬音語、擬態語）をもとにデザインした遊具がある　2 国内外の20世紀美術やポスター、椅子などの作品を展示している　3 2階の屋外広場にある現代彫刻家、三沢厚彦氏の作品『Animal 2017-01-B』。撮影スポットとして人気

🛍 ミュージアムショップでお買い物

▶ぷりぷりペーパーウェイト1個3300円。オノマトペのぷりぷりが半金属の手のひらサイズに

▶トゥルトゥン600円。スティック型の麦芽水あめ。TAD限定パッケージ

▶遊びながら豊かな日本語力を身につけるオノマトペカード2860円

SHOP DATA

☎076-471-5175 ⏰10～18時 休美術館の休館日に準ずる

訪れる人を温かく迎えてくれる富山駅前のアートなシンボル

ニューヨークを拠点に活動する富山出身の芸術家・吉野美奈子氏による大理石彫刻モニュメント『Lovers』。「つながり」をコンセプトに、何かが愛から生まれてゆく瞬間を表現している。男性神が「特に「立山」を象徴。

MAP P37B1

□1 2階ロビー。6階まで続く吹き抜けが開放感抜群。角度の違う羽板が使用され温かみを感じるデザイン □2 国内外で活躍する富山ゆかりの作家の器やオブジェなどの作品を展示するグラス・アート・パサージュ □3 コレクション展の展示風景。美術館所蔵の作品が展示されており、定期的に展示替えがある

総曲輪周辺

とやましがらすびじゅつかん

富山市ガラス美術館

ガラスの街の魅力を広く発信

ガラス芸術の盛んな富山の象徴的なミュージアム。現代ガラス美術作品のコレクションや富山ゆかりの作家作品を常設展示する。企画展では主に1950年以降の現代ガラスアートを中心に展示している。

☎076-461-3100 住富山市西町5-1 ¥常設展200円 ⏰9時30分〜18時（金・土曜は〜20時）、カフェは〜17時、ショップは〜18時 休第1・3水曜（企画展により異なる）、カフェ火曜（祝日の場合は営業）、第1水曜、ショップ第1水曜 交市電西町電停から徒歩1分 P なし MAP P37B4

▶隈研吾氏が設計を手がけたTOYAMAキラリ内にある

🛍 **ミュージアムショップでお買い物**

◀隈研吾氏監修のキクズ サラ 小1万3200円、大1万7600円

▶富山市ガラス美術館オリジナル手ぬぐい1枚 1400円

SHOP DATA
☎076-464-3641 ⏰9時30分〜18時（金・土曜は〜19時30分）休第1水曜

▶中尾雅一作 冷酒グラス 越翡翠硝子 4400円

 Swallow Cafe（☞P31）や、BiBiBi＆JURULi（☞P34）など、おしゃれなメニューが揃う富山県美術館内のカフェもおすすめです。

21

市民の足・市電に乗って
富山タウンの観光へ出発！

市電は観光にも便利で、電停の近くには魅力的なスポットがいっぱいです！
フリーきっぷ（☞P16）を活用して富山の街を巡ってみましょう。

・おすすめコース・

Start 富山駅
↓ 市電と徒歩で6分

1 樂翠亭美術館
↓ 市電と徒歩で21分

2 池田屋安兵衛商店
↓ 徒歩15分

3 清進堂
↓ 徒歩5分

4 城址公園
↓ 徒歩2分

5 D&DEPARTMENT TOYAMA
↓ 市電と徒歩で15分

Goal 富山駅

インテック本社前電停から徒歩4分

1 樂翠亭美術館
らくすいていびじゅつかん

日本建築と庭園で楽しむ現代の美

1950年代に建築された和風邸宅と回遊式日本庭園を改修し、建築と造園、展示作品で多彩なアートを堪能できる新感覚の美術館。

☎076-439-2200 🏠富山市奥田新町2-27 ¥展示により異なる ⏰10時〜16時30分（入館は〜16時）休水曜（祝日の場合は翌平日）P10台 MAP P36B1

▲四季折々の庭園の風景と、美しい作品を鑑賞できる

▲「茶室 碧庵（へきあん）」。展覧会によって異なる作品を展示

西町電停から徒歩2分

2 池田屋安兵衛商店
いけだややすべえしょうてん

製薬業の歴史をつづる薬舗で製造体験にトライ

胃腸薬「越中反魂丹」をはじめ、20数種の自社製和漢薬や200種以上の薬草を取り揃え、今も薬剤師が一人一人の症状に合わせて調剤する「座売り」を継承。丸薬の製造体験もできる。

MAP P37C4

P35も Check

▶大きく屋号を染め抜いたのれんが美しい

大手モール電停から徒歩5分

3 清進堂
せいしんどう

味も形も大満足！ライトレールみやげをゲット

茶席用和菓子の名店として地元で親しまれている。富山産を中心に、全国から材料を厳選し、伝統的な和菓子から創意工夫を凝らした人気商品まで、一流の職人技が光る。

☎076-424-8430 🏠富山市平吹町4-1 ⏰8〜19時 休不定休 P4台 MAP P37A4

▶3代目の店主が腕をふるう新感覚の和菓子も多い

▲富山ライトレール最中7個1100円。7つの味の餡が入っている

▲個包装でみやげに最適な富山ライトレール 万頭10個1100円

5 でぃーあんどでぱーとめんと とやま
D&DEPARTMENT TOYAMA

富山の工芸をおしゃれに発信する

富山らしさが詰まった衣食住の生活用品が揃う。地元素材を使った料理や地酒が楽しめるレストランを併設している。

☎076-471-7791 🏠富山市新総曲輪4-18 🕐ショップ10〜19時 レストラン10〜17時（土・日曜、祝日は〜19時、LOは閉店時間の30分前）🈺施設の休館日に準ずる 🅿県民会館駐車場利用84台（有料）
MAP P37B3

▲富山県民会館の1階にあり、明るく気軽に立ち寄れる

▶富山ガラス工房の作家作品、CHOCO 1個3300円〜。形は同じだが柄がすべて異なる

4 じょうしこうえん
城址公園

庭園と歴史に親しむ街なかの憩いの場

加賀藩の支藩である富山藩前田家の居城跡を公園として整備。再建された富山城は富山市郷土博物館として富山の歴史を紹介している。東洋の古美術を中心に展示する富山市佐藤記念美術館や日本庭園もある。

☎070-8529-6677（富山城址公園パークマネジメント共同企業体）🏠富山市本丸 💴🕐🈺入園自由 🅿101台（1時間330円、以降30分110円）
MAP P37B3

▶立派な天守閣が印象的。花見スポットとしても人気

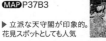
富山城の歴史をたどるクルーズ

まつかわゆうらんせん
松川遊覧船

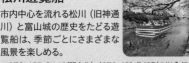

市内中心を流れる松川（旧神通川）と富山城の歴史をたどる遊覧船は、季節ごとにさまざまな風景を楽しめる。

☎076-425-8440（問合先）／076-431-5418（のりば・松川茶屋）🏠富山市本丸1-34 💴乗船1600円（スプリングクルーズ期間の桜開花中は2000円）🕐10〜17時の間、定期便が運航（季節により変動あり）🈺月曜（祝日の場合は運航）、祝日の翌日、雨天時。12月〜3月中旬まで冬期運休。桜開花中は無休 🚃市電県庁前電停から徒歩5分 🅿城址公園駐車場利用101台（1時間330円、以降30分110円）MAP P37B3

個性的なお店が集まる注目施設

「SOGAWA BASE」は、総曲輪（そうがわ）通り商店街に立つ複合施設。1階フードエリアには飲食店や生鮮食品、ベーカリーなど富山のおいしいものが揃う。🅿なし MAP P37B4

市電路線図

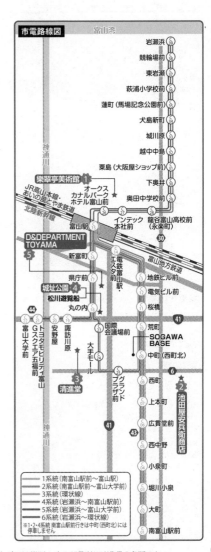

富山湾

岩瀬浜
競輪場前
東岩瀬
萩浦小学校前
蓮町（馬場記念公園前）
犬島新町
城川原
越中中島
粟島（大阪屋ショップ前）
下奥井
奥田中学校前
龍谷富山高校前（永楽町）

樂翠亭美術館 1 オークスカナルパークホテル富山前
JR富山本線、あいの風とやま鉄道
北陸新幹線
インテック本社前
富山駅
30

D&DEPARTMENT TOYAMA 5
新富町
エスタ富山前
富山地方鉄道
富山地鉄富山駅・
地鉄ビル前
電気ビル前
桜橋
城址公園 4
松川遊覧船
丸の内
県庁前

44
富山大学前
安野屋
諏訪川原
Gトヨタモビリティスクエア富山
大手モール
国際会議場前
荒町
SOGAWA BASE
41
中町（西町北）
41
西町
グランドプラザ前
3 清進堂
上本町
広貫堂前
43
西中野
2 池田屋安兵衛商店
小泉町
堀川小泉
大町
南富山駅前
41
神通川

━━ 1系統（南富山駅前〜富山駅）
━━ 2系統（南富山駅前〜富山大学前）
━━ 3系統（環状線）
━━ 4系統（岩瀬浜〜南富山駅前）
━━ 5系統（岩瀬浜〜富山大学前）
━━ 6系統（岩瀬浜〜環状線）
※1・2・4系統 南富山駅前行きは中町（西町北）には停車しません

 城址公園のそばを流れる松川は、かつて神通川が蛇行して流れていた部分。春には桜のトンネルが見られるお花見の名所です。

トレピチ魚介の魅力が凝縮！
富山自慢の寿司を召し上がれ

旬の海鮮をシンプルに味わうなら、やっぱり寿司！
地元の食材にこだわった富山湾鮨、手軽に味わえる回転寿司。どちらもおすすめです。

富山湾鮨

富山湾鮨の条件はコレ
❶1セット10貫 ❷定価2000〜3500円（税別）❸ネタはすべて富山湾の旬の地魚のみを使用（漁の状況による）❹シャリは県産米を使用 ❺富山らしい汁もの付き

総曲輪
えどまえ すしまさ
江戸前 寿司正

上質なネタと熟練の技に感動

週に何度もセリに通う氷見をはじめ、県内各地から仕入れたネタは上質そのもの。カウンターに立つ2人の職人は親子で、熟練の技とあうんの呼吸により、客それぞれに心地よいリズムで寿司を提供していく。

☎076-421-3860 住富山市一番町4-29 時11時〜13時30分、17〜22時LO 休土・日曜、祝日の昼、火曜 交市電大手モール電停から徒歩2分 P2台 MAP P37B4

◆予算目安
昼1名1000円〜 夜1名3000円〜

富山湾鮨 3300円

▲店主と会話を楽しめるカウンターがおすすめ（左）、ぶりの柚庵焼き990円。脂がのり、ふっくらジューシー（右）

富山の港に揚がる魚介の握り10貫で、旬のネタも盛り込まれている

城址公園周辺
みのずし
美乃鮨

細やかな職人技と洗練の寿司

地物のネタのおいしさを引き出す江戸前の職人技に定評があり、県外からここの寿司を目当てに足を運ぶ通も多い。一流店ながら1貫220円〜とお手ごろ価格のネタもあり、店内に価格が明記してあるので安心して食べられる。

☎076-422-3034 住富山市丸の内2-3-4 時11時30分〜13時30分LO、17時30分〜20時30分LO 休日曜、祝日の月曜 交市電丸の内電停からすぐ P5台 MAP P37A3

◆予算目安
昼1名1650円〜
夜1名2750円〜

▲名店の品格にふさわしい上質なしつらえ

▲塩加減がちょうどよい自家製からすみ1100円（左）、とろりと甘い白エビの刺身880円はしょうがで（右）

富山湾鮨 3300円

季節ごとのネタに加え、昆布〆やバイ貝など、富山ならではの寿司が並ぶ

常時40種以上もの
海鮮丼がど〜んと揃う
人気店にも注目

地物ネタの海鮮丼をはじめ、日替わり丼や創作丼などが揃う「海鮮どーん」。特選丼2000円（写真）は、富山ならではの白エビ、トロマグロ、ウニの豪華ネタの饗宴だ。
☎076-428-5777　MAP P36B4

回転寿司

地物甘えび 440円（左）
富山湾盛り 770円（上）

時期によっては卵がのる甘エビと、白エビ・ホタルイカ・カニばらみの3貫セット

富山タウン郊外
まわるとやまわん すしたま とやまかけおほんてん
廻る富山湾 すし玉
富山掛尾本店

◆予算目安
1名1500円〜

昼夜2回、近海から仕入れるネタ

金沢で70年以上の歴史をもつ、金澤玉寿司の系列店。富山県や石川県の漁港から仕入れるネタを、老舗寿司店仕込みの職人技で握ってくれる。

☎076-491-1897　住富山市掛尾栄町5-8　⏰11時〜20時45分LO　休不定休　交富山駅から富山地鉄バス笹津・猪谷方面行きで20分、今泉下車、徒歩3分　P40台　MAP P36B3

▶すべて注文を受けてから職人が握る

▶本物の寿司を気軽に味わえるとあって客足が絶えることがない

富山タウン郊外
ばんやのすし ふるさわてん
番やのすし 古沢店

◆予算目安
1名1500円〜

多彩な盛り合わせ寿司は必食

氷見漁港や新湊漁港直送のネタが自慢の人気店。春のホタルイカ、冬の寒ブリなど季節の地物ネタは要チェック。一品料理も充実している。

☎076-436-1703　住富山市古沢413-2　⏰11〜21時（20時50分LO）　休無休　交富山駅から富山地鉄バス富山大学付属病院行きで18分、ファミリーパーク下車、徒歩5分　P30台　MAP 折込裏D3

▲カウンター越しに直接注文して握ってもらえる。週末は満席必至

地物3種 580円
地物ネタが日替わりで登場。この日はアジ、甘エビ、アオリイカ

軍艦3種 580円
富山湾ならではの白エビとイクラ、ネギトロの軍艦

富山タウン郊外
いきすし とやまてん
粋鮨 富山店

◆予算目安
1名2000円〜

お値段以上の味に大満足

北陸の最高ランクの魚介が集まる氷見漁港から毎朝直送される鮮魚を使用する味自慢の回転寿司店。下ごしらえを丁寧に行い、より魚のおいしさを引き出している。

▶スマホから混雑状況の確認や予約ができるのもうれしい

☎076-451-0808　住富山市飯野8-4　⏰11〜21時　休無休　交富山駅からあいの風とやま鉄道糸魚川方面行きで4分、新富山口駅下車、徒歩20分　P40台　MAP 折込裏E3

ぶり 605円
スタッフイチ押し。氷見漁港のとれたてのブリはプリプリで甘い

▶氷見づくし盛り1100円。1日20食限定。8貫のせ、その日に揚がった直送の新鮮ネタを使うので、内容は日替わり

📖 富山湾鮨を提供する店には、前日までの予約で特典が付くところも（特典内容は予約時に確認）。値段、特典内容は店舗により異なります。

地元で愛され続ける
個性豊かなソウルフードたち

「富山といえば、新鮮な海の幸」だけではありません。
富山県民に支持されてきた自慢の料理を食べれば、きっとあなたも富山ツウです。

しろえびてい
白えび亭

手むきの白エビを贅沢に使用した名物丼

地元でも有名な白エビ専門店。白エビを使った料理は極力味をつけず、白エビ本来の繊細な味を楽しめるよう工夫されている。丼メニューには白エビだしのお吸い物が付く。

☎076-433-0355 🏠富山市明輪町1-220JR富山駅・きときと市場 とやマルシェ内 🕐11〜20時LO（平日14〜16時は中休みあり）🚫1月1日 🚉富山駅構内 🅿指定駐車場利用300台(有料) MAP P37B1

白エビ
富山湾の海底谷に生息し、漁期は4〜8月。透明で淡いピンク色の姿から富山湾の宝石とよばれる。

白エビ刺身丼
2190円
錦糸玉子の上に白エビの刺身がたっぷり。淡いピンクの外見と上品な甘みを存分に楽しめる

にしちょうたいき ほんてん
西町大喜 本店

誰もがハマる!? 元祖・富山ブラック

昭和22年（1947）に創業した富山ブラックラーメンの元祖。濃口醤油スープの風味は刺激的だが、強烈な塩辛さの中に濃厚なうま味があり、食べすすめるごとにクセになっていく。

☎076-423-3001 🏠富山市太田口通り1-1-7 🕐11〜20時 🚫水曜 🚉市電グランドプラザ前電停から徒歩2分 🅿なし MAP P37B4

富山ブラック
戦後、復興従事者のご飯のおかずとして、濃い味付けの中華そばを作ったのが始まり。黒いスープが特徴。

中華そば（並）
850円
漆黒のスープにストレート太麺、そこにたっぷりのチャーシューと味付けメンマ、粗ネギ、黒こしょうを添える

もつにこみうどん いとしょう ほんてん
もつ煮込みうどん 糸庄 本店

1日数百食も売れるもつ煮込みうどん

富山でうどんといえば氷見うどん（☞P55）。その氷見うどんを使い、先代社長が考案したもつ煮込みうどんは知らない人がいないほど有名に。いつも行列ができるので、時間に余裕をもって。

☎076-425-5581 🏠富山市太郎丸本町1-7-6 🕐11〜15時LO、17〜22時LO 🚫火曜、第1・3水曜（祝日の場合は翌日）🚉市電西中野電停から徒歩9分 🅿40台 MAP P36B2

もつ煮込みうどん
太めのうどんに、やわらかな豚モツから出る濃厚なだしと味噌が絶妙な味を醸し出す一品。

もつ煮込みうどん
980円
常連客は追加したご飯を残りスープに混ぜてかき込む

富山市で人気の「焼肉・大将軍」がプロデュースするハンバーガー

「SHOGUN BURGER」のハンバーガーは、焼肉店ならではのこだわり粗びきミンチの和牛パティと、国産小麦を使用したやわらかく香り高いバンズが相性抜群。ソースも自家製の唯一無二の味。
☎076-461-3929 **MAP** P37B4

富山やくぜん
富山の新鮮食材に伝統的な健康食材を加えた薬膳料理。薬の街だから味わいたいヘルシー料理だ。

富山やくぜん
美食ランチ
1650円～
旬の素材を30種類以上使用している。2名以上で要予約

呉羽山公園
まりーまり
万里摩理

地産食材を多種使った彩り豊かな昼膳

「地産地消が健康によい」という考えに基づき、県産野菜や魚を使ったバランスのよいランチを提供する。お芋のコロッケをはじめ、手をかけた料理が好評。窓に広がる四季折々の景色も見事。
☎076-433-3744 🏠富山市北代8-1
🕘9時30分～18時（冬期は～16時）⊗月曜、第3日曜 🚌富山駅から富山地鉄バス呉羽山老人センター行きで18分、終点下車、徒歩3分 Ⓟ30台 **MAP** P36A1

げんげ汁
富山湾にすむ幻の深海魚「ゲンゲ」を使った汁もの。表面がゼラチン質で覆われた身は、コラーゲンたっぷり

げんげ汁
800円
身はやわらかく、一度食べたらやみつきになる。提供期間は9～5月

富山駅周辺
おやじ
親爺

幻の魚は舌の上でとろける味わい

季節ごとの地魚を中心とした一品料理を提供する庶民派の食事処。おでんをはじめ、納豆入り冷奴500円や昆布〆（時価）など、創業から約70年変わらぬ味に、通いつめるファンも多い。
☎076-431-4415 🏠富山市桜町2-1-17 🕘16時～22時30分LO ⊗日曜、祝日 Ⓟなし 🚃富山駅から徒歩5分 **MAP** P37B2

おみやげにもぴったり♪
富山の郷土料理「ます寿司」

新鮮なサクラマスと富山米の押し寿司は、ケーキのように切り分けて食べる。

富山駅周辺
あおやまそうほんぽ
青山総本舗

創業から70年余、長い歴史の中で試行錯誤を重ねつつ手作りの技を今に継承。マスのしっとりした食感にファンも多い。
☎076-432-5324 🏠富山市新富町1-4-6 🕘8～16時 ⊗日・月曜 🚃富山駅から徒歩5分 Ⓟなし **MAP** P37B2

鱒の寿し 1800円（一段）
重さ600g 直径17cm
クール便可 ※ハーフあり

総曲輪周辺
まつかわ
まつ川

一口ほおばるとマスの厚みと生っぽいレア感があり、うま味と米のやさしい甘みもある。酸味はやわらかだ。
☎076-494-9200 🏠富山市旅籠町2-10西森ビル1階 🕘7～18時 ⊗不定休 🚃富山駅から徒歩12分 Ⓟなし **MAP** P37A4

鱒の寿し 1800円（一段）
重さ430g 直径17cm
クール便可 ※ハーフなし

📖 富山駅にある「とやマルシェ のれん横丁（**MAP** P37B1）」には富山の味覚が集結。各店にはのれんが掛かり、横丁の雰囲気が漂っています。

富山が誇る新鮮魚介の料理を
日本酒と一緒にいただきます

一日のシメにぴったりな、魚料理のおいしい食事処をピックアップしました。
富山湾でとれた多彩な海の幸を、相性抜群の日本酒と一緒に堪能しましょう。

ばい貝の刺身
1500円〜
富山湾の深海に生息する
バイ貝。コリコリとした食感
がたまらない

コチラも人気

富山湾珍味盛合わせ
1080円
ホタルイカの沖漬け、塩辛
にイカ墨を混ぜた黒造り、
カニみその3点セット

総曲輪
えっちゅうぜんどころ
うみのかみやまのかみ ほんてん

越中膳所
海の神山の神 本店

洗練された空間で
富山の味を気軽にいただく

富山の海の幸、山の幸の素材を
生かした料理に定評がある。お
すすめは、その日に仕入れた旬
の食材を使った日替わりメニュ
ー。郷土料理にぴったりの地酒
も揃っている。

☎076-481-6397 🏠富山市総曲輪
2-1-17 🕐11時30分〜14時、17時30
分〜22時LO 🈺土・日曜、祝日の昼、ほ
か不定休 🚃富山駅から徒歩12分 🅿
なし 🗺P37B3

▲席はすべて個室タイプでゆっくりできる

▲繁華街の総曲輪
エリアに位置する

富山駅周辺
いろり じょうや

囲炉裏 醸家

囲炉裏を囲んで味わう
富山の旬味と地酒

炉端焼を看板メニューに、囲炉
裏を囲みながら、個室感覚でく
つろげる飲み処。ぶりしゃぶ、か
き鍋、真だら白子のしゃぶしゃぶ
などから選べる冬限定の鍋コー
スも評判で、全国から厳選した
地酒もすすむ。

▲店内は民芸調の落ち着い
た造りになっている

☎076-433-8100 🏠富
山市桜町2-6-12 🕐17〜
24時 🈺日曜（祝日の場合は
翌日）🚃富山駅から徒歩10
分 🅿なし 🗺P37B2

ぶりしゃぶコース
4400円〜
11月下旬〜2月下旬提供。
コース料金は6品、7品、8
品の中から選ぶ。要予約

富山の海の幸を
天ぷらで満喫する

「天ぷら 小泉 たかの」では、4〜11月に夜の
コースの一部で、白エビの海苔のせ（写真）を
提供。ほかにも富山を中心とする厳選食材を
使った天ぷらが充実。昼のコースは4235円
〜、お造りも入る夜のコースは9680円〜。
☎076-441-1356 MAP P37B1

造り 1人前1980円
白エビ唐揚げ 770円
造りはブリ、甘エビ、カワハ
ギなど、その日の仕入れに
よって7種類を用意する

城址公園周辺
さかなどころ やつはし
魚処 やつはし

地元民にも大人気
漁港買い付けの地魚

「富山のうまい魚を食べる
ならこの店」と地元で支
持される一軒。四方漁港
の買参権をもつ店主が富
山湾の旬の魚介を選り抜
き、素材の良さを最大に
引き出す造りや焼き物な
どに仕上げる。地酒も種
類豊富に揃う。

▲ カウンター席のほか、座敷も備
えている

☎076-431-8284 住富山市
桜木町6-4千歳ビル1階 ⏰17
時30分〜22時LO 休日曜、祝
日 🚉富山駅から徒歩15分 Pな
し MAP P37B3

富山駅周辺
さかなこうぼうだい
酒菜工房だい

予約必至の人気店で
ワンランク上の料理を

うまい魚と地元にこだわ
った料理が多くの人を魅
了する人気店。料理はコ
ースのみで6600円、8800
円、1万2100円の3種類。
仕入れの状況により毎日
内容が変わる。昼は予約
制で夜と同じコースを提
供する。

☎076-441-2223 住富山市内幸
町2-14内幸ビル2階 ⏰12〜14時
（要予約）、17〜22時（21時30分
LO）休日曜（連休の場合は最終日）、
ほか不定休 🚉市電新富町電停か
ら徒歩2分 Pなし MAP P37B2

▶ 落ち着いた
雰囲気の中、
ワンランク上
の料理を堪
能できる

香箱ガニの飯蒸し
（コースの一品）
蒸したもち米と黒米に、カ
ニの内子と外子を混ぜ、カ
ニの身を添えている

富山駅周辺
いざかや えんじろう
居酒屋 艶次郎

居酒屋以上割烹未満の
料理と豊富な地酒

「富山らしい食材を」と四方、岩
瀬、新湊の漁港から地物を仕入
れ、「よそにはない味を」とオリ
ジナル卵料理「たまもと焼き」な
どの創作料理を考案。富山県内
の地酒を多数揃え、酒好きが通
う大人の一軒。

お刺身盛合せ 2人前2500円〜
鮪甲肉のネギマ 2本900円〜
白エビの唐揚げ 700円〜
ホタルイカの沖漬け 600円〜 など
定番の刺身はもちろん、富山の地酒がすす
む料理など、多彩なメニューを用意している

▶ 地元客が
「繁華街の
隠れ家」と
評するカウ
ンター席

☎076-441-0884 住富山市桜町2-1-14夜光城ビル2階 ⏰
17時〜22時30分LO(金・土曜は〜23時30分LO) 休月曜 🚉
富山駅から徒歩5分 Pなし MAP P37B2

📖 総曲輪にある「あまよっと横丁」(MAP P37B4)は、ホルモン居酒屋やエスニックバルなどの飲食店が集まり、外飲みが楽しめます。

スイーツがおいしいカフェで
くつろぎのひとときを過ごしましょう

見ているだけでもワクワクさせてくれるかわいいスイーツは旅のマストアイテム。
味はもちろん、素敵な空間にも大満足間違いなしのお店を紹介します。

✛
フルーツパフェ　880円
むらはたの一番人気。メロンやイ
チゴ、リンゴなどたっぷりの果物と
濃厚なソフトクリーム

✛
贅沢プリンアラモード　950円
リンゴやオレンジ、キウイ、ラズベリ
ーなどフルーツをふんだんに使っ
たプリンアラモード

総曲輪

ふるーつぱーらーむらはた とやまだいわてん
フルーツパーラーむらはた 富山大和店

フルーツ専門店直営の映え〜な装いのパフェ

金沢にある老舗の果物専門店が展開するパーラー。産
地から取り寄せるフルーツは種類も豊富。甘みや食感な
ど選び抜かれた上質な味は専門店ならでは。旬のフルー
ツを満喫できる。

☎076-407-6660 🏠富山市
総曲輪3-8-6富山大和地下1階
🕐10時〜18時30分LO 🈺富山
大和に準ずる 🚉市電グランドプ
ラザ前電停から徒歩3分 🅿周辺
の富山大和指定駐車場(2000円
以上の買い物で2時間サービス)
MAP P37B4

▲ 百貨店・富山大和の地階にあり、
白を基調とした落ち着いた店内

富山タウン郊外

ぐらす×かふぇ くりえ
glass×cafe Clie

フルーツ盛りだくさんのアート系パフェ

富山ガラス工房に併設のカフェ。贅沢プリンアラモード
は自家製のなめらかな口当たりのプリンと贅沢に使った
フルーツが魅力。メイン料理にミニグラタン、キッシュな
どをワンプレートにしたクリエランチ1500円も人気。

☎076-471-7299 🏠富山市
古沢152富山ガラス工房内 🕐10
〜17時(16時LO) 🈺無休 🚉富
山駅から富山地鉄バス富山大学
付属病院行きで18分、ファミリー
パーク下車、徒歩10分 🅿40台
MAP 折込裏D3

▲ 器やインテリアなど、ガラス作品
があちこちに

著名人も訪れた
富山で
最も歴史のある
喫茶店

大正12年（1923）創業の「純喫茶ツタヤ」は、シックで落ち着いた、大人の社交場の雰囲気。7時からモーニング営業をしており、ビールやワイン、スパークリングワインなども朝から提供している。

☎076-424-4896 **MAP** P37B4

＋
スワロウベーグル
フレンチトースト
880円（単品）
ベーグルの外はパリッ、
中はフワフワで絶品

富岩運河環水公園周辺
すわろう かふぇ

Swallow Cafe

立山連峰が壮観! アートメニューも見逃せない

富山県美術館（☞P20）内のカフェ。晴れれば外側全面ガラス張りの店内から立山連峰が一望できる。地元ベーグル専門店の直営で、ベーグルと野菜が主役のランチ、美術館と連動するアートなスイーツが揃う。

☎076-433-6755 **住**富山市木場町3-20 **時**10時〜15時30分LO **休**水曜（祝日の場合は営業）、祝日の翌日 ※富山県美術館の休館日に準ずる **交**富山駅から徒歩15分 **P**103台（2時間まで無料）**MAP** P36B1

▲ カウンターやテーブル席のほか
テラス席もある

おみやげにぴったりな
スイーツはコチラ

総曲輪
もちもなか げんしち

もちもなか 源七

新感覚の和スイーツで伝統菓子に新風

富山の郷土料理"芋かいもち"を使った、新感覚の和菓子、もちもなかの専門店。サクサクのモナカとやわらかな餅の食感を楽しむ、ニュースタイルの和菓子を味わおう。常時6種類の味に加え、季節限定の商品も揃える。大福も絶品。

☎0120-22-4857（源七本店）**住**富山市総曲輪3-4-8 SOGAWA BASE **時**11〜18時 **休**水曜 **交**市電中町（西町北）電停からすぐ **P**SOGAWA BASE提携駐車場利用（2000円以上の買い物で2時間無料）**MAP** P37B4

▶ひねりのある餡やタレが隠れ、見た目も香りも楽しい

栄町
ふるーるりぶらん さかえまちそうほんてん

フルールリブラン 栄町総本店

P32も
Check

多彩な富山スイーツが揃う老舗

創業60年近くのスイーツ専門店。おみやげにも人気がある富山銘菓「甘金丹」は、ふわふわの生地でとろーりクリームを包んだスチームケーキ。富山銘菓以外にも、ケーキや焼き菓子、和菓子、祝い菓子などを販売している。

☎076-422-2858 **住**富山市栄町2-1-5 **時**9〜19時（変更の場合あり）**休**無休 **交**富山地方鉄道稲荷町駅から徒歩8分 **P**20台 **MAP** P36C2

▲甘金丹（6個入り）1134円）。スポンジは富山のおいしい水で蒸し上げる

環水テラス（☞P19）にある点点茶（**MAP** P36B1）は、デザート感覚で味わえるドリンクが充実しているティースタンドです。

おいしい富山をお持ち帰り！
駅や空港で味みやげを探しましょう

旅の思い出やおみやげに買いたくなる味みやげをご紹介。
富山の歴史・文化をモチーフにしたもの、食材の宝庫ならではのものなど多彩です。

富山の薬売りが
テーマのまんじゅう

富山市「フルールリブラン 栄町総本店(☞P31)」の
越中富山の売薬さん
5個入り810円、9個入り1458円

富山の薬売り・売薬さんが持っていた柳行李（やなぎごうり）を模した焼きまんじゅう。定番のプレーン味は、きな粉餡と黄味餡を包んでいる。
ここで買えます ❶❷（❷は9個入りのみ）

険しくそびえる
剱岳をイメージ

富山市「フルールリブラン 栄町総本店(☞P31)」の
剱（つるぎ）
5枚入り864円、10枚入り1674円

剱岳の荒々しい岩肌を模したアーモンドガレットに、雪をイメージしたホワイトクリームをサンド。歯ごたえはパリパリっと凍る雪山を踏みしめるようだ。
ここで買えます ❶❸

薄氷のように
口中で溶ける干菓子

小矢部市「薄氷本舗 五郎丸屋」の
T五（てぃーと）
5枚入り864円

看板商品の干菓子「薄氷」から生まれた。5枚入りで桜、抹茶、柚子、和三盆、胡麻の五味五色。5つのTONE（色合い）とTASTE（味わい）を表現。
ここで買えます ❶❷❸

❀ 懐かしくやさしい甘さのお菓子にほっこり ❀

小さくて愛らしい
キュートなラムネ

高岡市「大野屋(☞P50)」の
高岡ラムネ 花尽くし、宝尽くし、御車山
各10粒入り540円

ゆず、リンゴ、イチゴ、しょうが味があり、やわらかな口どけの後に、国産の素材が香る。かわいらしい見た目だけでなく、パッケージも人気だ。
ここで買えます ❶❷

立山の雪を思わせる
店の看板商品

高岡市「大野屋(☞P50)」の
とこなつ
6個入り 各648円

希少な備中産白小豆餡を求肥で包み、和三盆糖を振りかけた上質な素材使いのお菓子。直径3cmという小ぶりな大きさも人気の秘訣。
ここで買えます ❶

サクサク皮の
スティック最中

越中八尾「高野屋 最中種店」の
最中の皮屋のもなか
24本入り810円

最中の皮を製造する専門店で、自慢の最中皮をスティック状に。手作りのつぶ餡が付く。ほどよい甘さで最中の深い味わいを引き立てている。
ここで買えます ❷

JR富山駅に隣接する電鉄富山駅ビルも買い物に便利

食品から日用品、お手ごろな富山のおみやげまで何でも揃う「エスタ」。富山地方鉄道のオリジナルグッズや、レトロなパッケージがかわいいかぜ薬も見逃せない。
☎076-442-8191 ⓂⒶⓅP37B1

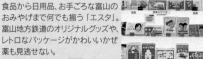

握り寿司のような
かまぼこに驚き

ワインにも合う
棒状チーカマ

魚津市「河内屋 魚津本店」の
鮨蒲
5本入り4118円

老舗かまぼこ店「河内屋」発祥の看板商品。穴子、甘エビ、ウニ、紅鮭など、厳選素材をかまぼこの上にのせた。立山連峰の雪解け水や伏流水を使用。
ここで買えます ❶❷

魚津市「河内屋 魚津本店」の
棒's 元祖スティックチーズ
5本入り756円

クリーミーなチーズが入ったスティック形のかまぼこは、ワインやビールによく合う。一口サイズに切って、野菜と合わせるのもおすすめだ。
ここで買えます ❶❷❸

おすそわけも喜ばれるおつまみとお酒

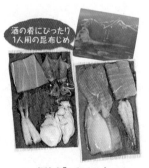

酒の肴にぴったり
1人用の昆布じめ

モルト100%の
究極の地ビール

魚津市「かねみつ」の
こぶじめ・ひとりじめ 赤帯、緑帯
各810円

富山の郷土料理でもある「昆布じめ刺し身」。4種類の魚介を少しずつ味わえる1人用の食べ切りサイズ。熟成された無添加の昆布じめ刺し身を堪能できる。
ここで買えます ❷

黒部市「うなづき食菜館」の
宇奈月ビール
350㎖420円〜

地場で栽培する二条大麦の麦芽を使い、黒部川の伏流水で醸す地ビール。左からトロッコ(アルト)、ぷれみあむ(ライスエール)、十字峡(ケルシュ)。
ここで買えます ❷❸

ここで買えます

富山駅構内
きときといちば とやまるしぇ
❶ きときと市場 とやマルシェ

新幹線改札口に直結

富山駅内の北陸新幹線改札口直結の好立地に有名店が多数出店。おみやげ選びに最適だ。
☎076-445-4510 🏠富山市明輪町1-220 🕐物販8時30分〜20時30分、飲食10時〜21時30分(時期により変更あり) 🈳不定休 🅿約40台(2000円以上の買い物で割引あり) 🚉富山駅構内
ⓂⒶⓅP37B1

富山駅周辺
とやま
❷ ととやま

NEWSな商品も見つかる

農水産加工品や菓子、地酒など約1500品目を揃える富山駅前にあるアンテナショップ。
☎076-444-7137 🏠富山市新富町1-2-3CiCビル1階 🕐10〜20時 🈳第3火曜、ほか不定休 🅿なし 🚉富山駅からすぐ ⓂⒶⓅP37B2

富山きときと空港
とやまきときとくうこう まいどはや
❸ 富山きときと空港まいどは屋

フライトの待ち時間に買い物

出発ロビーに面し、早朝から営業。ます寿司など富山の定番みやげが揃っている。
☎076-495-3150 🏠富山市秋ケ島302階 🕐6時20分〜20時(変動あり) 🈳無休 🅿1536台 🚉富山駅から空港連絡バスで20分 ⓂⒶⓅP36A4

📖 きときと市場 とやマルシェでは、青山総本舗のます寿し(☞P27)が購入できます。

ココにも行きたい

富山タウンのおすすめスポット

こしのくにぶんがくかん
📷 高志の国文学館

富山ゆかりの作家と作品を紹介

万葉歌人の大伴家持、藤子不二雄Ⓐ、藤子・F・不二雄など文学から漫画・アニメまで、富山ゆかりの作家や作品の魅力を紹介。最先端技術を用いた仕掛けや映像などのユニークな展示が好評。**DATA** ☎076-431-5492 🏠富山市舟橋南町2-22 🎫入館200円（常設展）🕘9時30分～18時（観覧受付は～17時30分）🈺水曜（祝日の場合は開館）、祝日の翌日 🚋市電県庁前電停から徒歩5分 🅿83台 **MAP**P37A3

とやましきょうどはくぶつかん
📷 富山市郷土博物館

富山城で富山の歴史を学ぶ

富山城の内部にある博物館。戦国時代に築城されてから現在までの富山城の歴史を紹介している。前田利長（まえだとしなが）が使用した高さ140㎝の兜も展示。**DATA** ☎076-7911 🏠富山市本丸1-62 🎫入館 210円（特別展会期中は変更）🕘9～17時（入館は～16時30分）🈺展示替え期間 🚋富山駅から徒歩10分 🅿城址公園地下駐車場利用（有料）**MAP**P37B3

うめかまみゅーじあむ ゆうめいかん
🎵 梅かまミュージアム U-mei館

オリジナルのかまぼこを作ってみよう

富山のかまぼこの歴史や伝統を紹介する。鯛の形に成形したかまぼこに自由に模様を描く富山独特の「細工かまぼこ」の手作り体験が好評。工場見学やかまぼこの販売も。**DATA** ☎076-479-1850 🏠富山市水橋肘崎482-8 🎫見学無料（手作り体験は有料、2022年5月現在休止中）🕘10～16時 🈺不定休 🚋富山駅からあいの風とやま鉄道糸魚川方面行きで12分、水橋下車、徒歩30分 🅿30台 **MAP**折込裏E3

めんやいろは しっくてん
🍜 麺家いろは CiC店

やさしいおいしさで人気は全国区

東京ラーメンショーで5度も売り上げ1位に輝いた店。魚醤に丸鶏、白エビ、宗田ガツオなどを合わせたスープで、塩辛いだけでなく、コクとうま味があるおいしい富山ブラックを体感できる。W肉盛りそば（味玉入り）は1410円。**DATA** ☎076-444-7211 🏠富山市新富町1-2-3CiC地下1階 🕘11～22時（21時30分LO）🈺無休 🚋富山駅から徒歩2分 🅿提携駐車場利用 **MAP**P37B2

びびびとじゅるり
🍴 BiBiBi&JURULi

感性と食欲を刺激するメニューを展開

「アートとイート」をテーマに、富山県美術館（☞P20）の企画展と連動したメニューを展開する。料理は県内の市町村から届く素材を使い、富山の職人が手がけた食器で提供。**DATA** ☎076-482-3037 🏠富山市木場町3-20富山県美術館内 🕘11～18時（ランチ14時30分LO、レストラン17時30分LO）🈺美術館に準ずる 🚋富山駅から徒歩15分 🅿富山県美術館駐車場利用103台（2時間まで無料）**MAP**P36B1

とやまちてつほてる
🏨 富山地鉄ホテル

駅直結なので旅の拠点に最適なホテル

JR富山駅、電鉄富山駅に直結するホテル。客室は落ち着いた内装で、ゆったりつろげる。朝食は地元食材を使った和洋バイキング。写真はセミダブルサイズのベッドがゆったりと配されたツインルーム。**DATA** ☎076-442-6611 🏠富山市桜町1-1-1 💴シングル6500円～（平日）🕘IN15時、OUT11時 🈺無休 🚋富山駅直結 🅿60台（1泊500円）●164室 **MAP**P37B1

ほてるじゃるしてぃとやま
🏨 ホテルJALシティ富山

スマートなホテルが2022年3月にオープン

観光情報などを発信する場所も備える。グレーを基調とした客室はゆったりとした造りで、ホテルJAL シティブランドカラーの赤色のペンダントライトが印象的なデザイン。**DATA** ☎076-443-2580 🏠富山市宝町1-4-1 💴1室3万3250円～ 🕘IN15時、OUT11時 🈺無休 🚋富山駅から徒歩3分 🅿18台（1泊1500円）●252室 **MAP**P37A1

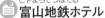
富山の食材を取り入れた料理を味わえるレストランもある

ひと足延ばして滑川でホタルイカ料理

「パノラマレストラン光彩」では、富山湾の神秘とよばれるホタルイカ（☞P14）を使った料理を提供。天丼1550円をはじめ、さまざまなメニューで楽しめる。**DATA** ☎076-476-1370 🏠滑川市中川原410道の駅 ウェーブパークなめりかわ内 🕘11～18時（9～2月は～17時）※HPで要確認 🈺火曜（祝日の場合は翌日）、3月20日～5月31日は無休 🚋富山駅からあいの風とやま鉄道糸魚川方面行きで15分、滑川駅下車、徒歩8分 🅿160台 **MAP**折込裏E2

江戸時代から続く
薬都・富山の製薬業

「越中富山の薬売り」で知られ、古くから製薬業が盛んな富山県。
江戸時代に育まれた薬売りの技術と精神が今に受け継がれています。

富山の薬の評判が 江戸時代に全国へ

　富山の薬が全国で有名になったのは、「江戸城腹痛事件」がきっかけといわれている。江戸時代の元禄3年(1690)、富山藩2代藩主・前田正甫が江戸城へ参勤した折、一人の大名が腹痛に襲われたが、正甫が常備薬の「反魂丹」を与えると、たちまち痛みが治まった。薬効に驚いた大名たちが自領での薬の販売を正甫に懇願して、富山の薬の行商が始まった。薬は評判を呼んで全国に販路を広げ、やがて富山の重要産業へと発展した。

▲ 池田屋安兵衛商店の越中反魂丹30粒750円。薬の富山の原点ともいえる和漢薬だ

「お代は後で」の 画期的な販売手法

　富山の薬売りの行商では、「先用後利」という画期的な販売方法が使われた。ひととおりの薬を先に預け、後から使った分だけ代金をもらう。「治すのが先で利はあと」との精神から生まれたシステムだ。売薬商人は柳行李を背負って家々を定期的に訪問し、薬代の集金と薬の補充をしながら各地を行脚する。顧客情報を懸場帳に詳細に綴って、顧客へのケアも充実させた。先用後利の「置き薬」のシステムは現在も活用されている。

▶池田屋安兵衛商店では、客の体調や症状を聞いて薬を調合する座売りを行う

売薬が育てた 富山のものづくり

　製薬業の発展は、多くの関連産業も富山にもたらした。薬の包み紙や商人の道具類のほか、顧客に配られるさまざまなオマケも作られた。人気のオマケは名所や役者絵を描いた売薬版画(富山絵)で、薬の宣伝入りの紙風船はのちに定番となる。明治時代にはガラスの薬瓶製造が始まり、富山市は全国随一の製造量を誇った。プラスチック容器の登場により戦後に工場は減少したが、今も市内の各所で「ガラスの街」の文化を感じられる。

▲ ガラスの街とやまの拠点・富山市ガラス美術館(☞P21)には多彩なガラスアートが

富山の薬舗を見学しよう

いけだややすべえしょうてん
池田屋安兵衛商店

越中反魂丹をはじめ、和漢薬や漢方を中心に製造・販売する老舗薬店。座売りを行い、一人一人の症状や体調、体質に合わせて和漢薬を処方している。2階は薬膳料理のレストラン。

☎076-425-1871 🏠富山市堤町通り1-3-5 ¥体験無料 🕘9〜18時 休無休 🚊市電西町電停から徒歩2分 🅿5台
MAP P37C4

▲ 創業は昭和11年(1936)。歴史を感じさせる蔵造りの建物

▶ 手動式製丸機械を使った丸薬製造の実演を店内で見学できる

▶ケロール330円。頭痛、歯痛に効く顆粒状の解熱鎮痛薬

▲ セキトマル385円。せき、たんに効能があり、ネーミングも楽しい

◀だるまハイトン385円。効能効果はかぜの諸症状の緩和で3包入り

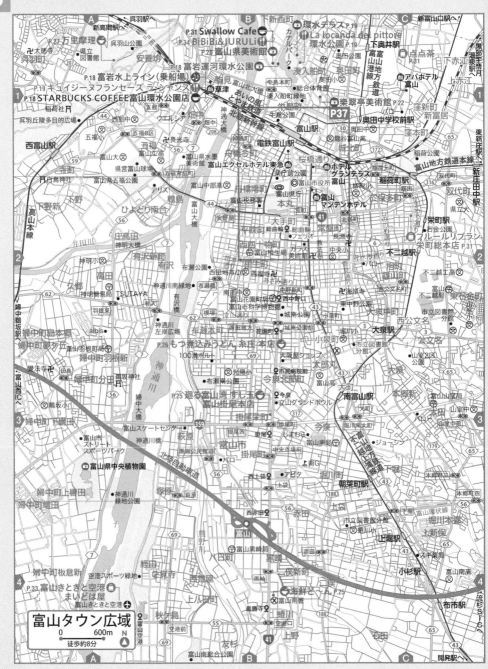

富山タウン広域

0　　　　600m
徒歩約8分

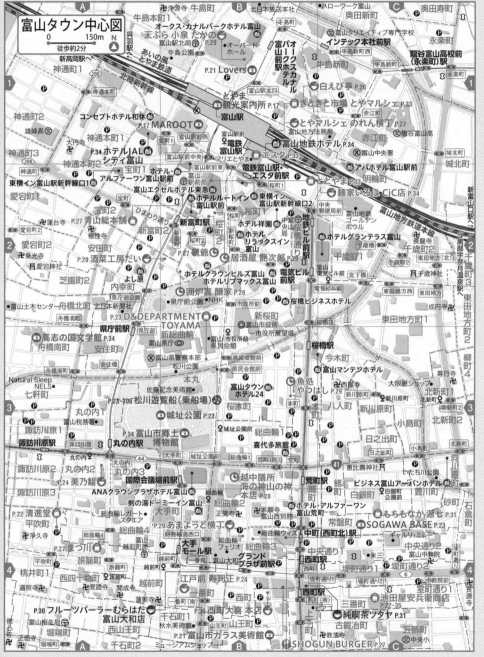

富山タウン中心図

0 150m N
徒歩約2分

北前船で栄えた街並み・岩瀬には レトロな雰囲気が残っています

江戸時代から北前船交易の寄港地として栄えた岩瀬地区は、富山でも注目の街です。昔ながらの建物や、地元で愛されてきた名店を訪ねてみましょう。

岩瀬って こんなところ

北前船で栄えた歴史を今に伝える

江戸から明治期の廻船問屋の古い街並みが残る地域。豪壮な家屋は北前船交易で栄えた当時の賑わいを感じさせ、荒波をぬって活躍した北前船は、地域の歴史的魅力や継承されている文化・伝統を語るストーリーとして日本遺産に認定された。

問合せ 富山市観光協会☎076-439-0800
アクセス 富山駅から富山地方鉄道富山港線で約30分、東岩瀬電停／競輪場前電停下車
広域MAP 折込裏D2

▲大町新川町通り。加賀藩が参勤交代に利用した旧北国街道には大きな屋敷が並ぶ

見る
きたまえぶねかいせんどんや もりけ
北前船廻船問屋 森家

当時のたたずまいを残す 廻船問屋の邸宅を公開

廻船問屋群の古い街並みに立ち、往時の繁栄ぶりを今に伝える豪邸。建築は明治11年（1878）ごろで、国の重要文化財に指定されている。

☎076-437-8960 **住**富山市東岩瀬町108 **¥**100円（旧馬場家住宅との共通券180円）**⏰**9～17時（入館は～16時30分）**休**12月28日～1月4日 **交**市電東岩瀬電停から徒歩10分 **P**10台 **MAP** P39A1

1 町家建築の構造を引き継ぐ贅沢な造り **2** 入口の「オイの間」の畳は、小川の流れを意識したとか

見る
くにとうろくゆうけいぶんかざい
きゅうばばけじゅうたく
国登録有形文化財 旧馬場家住宅

岩瀬地区最大規模の 町家建築を見学

江戸期から海運業で栄え、北陸の五大北前船主の一つにも数えられる馬場家の住宅。明治初期の建物で、東岩瀬の中でも最大規模の大きさ。

☎076-456-7815 **住**富山市東岩瀬町107-2 **¥**100円（森家との共通券180円）**⏰**9～17時（入館は～16時30分）**休**12月28日～1月4日 **交**市電東岩瀬電停から徒歩10分 **P**10台（森家駐車場利用）**MAP** P39A1

1 主屋2階から望む港側の景色 **2** 長さ30mのトオリニワに圧倒される

民家や土蔵を利用した若手作家工房が急増中!

「木彫 岩﨑」は、木彫刻師、岩﨑努さんのギャラリー＆工房。ケヤキや桜などの木を使ってレリーフや寺社の彫刻などを制作。予約をすれば見学ができる。小作品25万円〜。
☎076-437-7210 MAP P39A1

食べる

おりょうり ふじい
御料理 ふじ居

地元の食材にこだわり 地元を愛する料亭

京都や金沢の名店で修業した店主が生み出す日本料理が評判。地元の旬の鮮魚や野菜などを用いた季節感あふれる料理に舌鼓を。

☎076-471-5555 ⬤富山市東岩瀬町93 ⏰12〜15時、18〜22時 ㊡月曜、第3火曜 ⬤市電競輪場前電停から徒歩7分 Ⓟ5台 ※サービス料10%別途、要予約 MAP P39A1

■白海老しんじょう桜の花びら仕立て。予算は昼・夜とも2万2000円〜 ■調理の様子が見えるカウンター席がおすすめ

食べる

こぼ ぶるー ぱぶ
KOBO Brew Pub

本場仕込みのビールとこだわりのソーセージ

廻船問屋の米蔵を改装したブルーパブ。チェコ出身のコチャスさんが醸造し、スロバキア出身のボリスさんが店長を務める。定番の3種と数量限定ビール1種が味わえ、つまみも充実。

☎080-3047-9916 ⬤富山市東岩瀬107-2 ⏰11〜18時 ㊡火曜 ⬤市電東岩瀬電停から徒歩10分 Ⓟ6台 MAP P39A1

■ソーセージBIG1300円。ボリスさんのレシピをもとに地元の「メツゲライイケダ」が製造 ■店内中央に仕込みタンクと発酵タンクを置いた小さな醸造所がある

買う

つりや ひがしいわせ
つりや 東岩瀬

レトロ建築を改装した魚介保存食の名店

北陸有数の漁獲高を誇る氷見（☞P54）にある老舗魚問屋のショップ。イワシやブリ、ホタルイカなど、調味料や製法にこだわった水産加工品が並ぶ。カフェも併設し、2階には1日1組限定の宿泊施設を完備。

☎076-471-7877 ⬤富山市東岩瀬町120 ⏰10〜17時 ㊡不定休 ⬤市電東岩瀬電停から徒歩6分 Ⓟ3台 MAP P39A1

■ほたるいか燻製864円、はたはた燻製（大）1080円など ■氷見産イワシの糠いわしアンチョビ70g1512円

買う

わがし おおつかや
和菓子 大塚屋

伝統を守る三角どらやき

昭和8年（1933）創業の老舗。当時から作り続けている「どらやき」は、珍しい三角形。日本海の高波をイメージした岩瀬を代表する銘菓だ。

☎076-437-9678 ⬤富山市東岩瀬町152 ⏰8時30分〜17時30分（日曜、祝日は〜16時）㊡月曜、ほか不定休 ⬤市電競輪場前電停から徒歩8分 Ⓟ2台 MAP P39A1

■厚すぎない皮にぎっしりあんこが詰まった「どらやき」2個入り205円 ■4代目が営む和菓子店

岩瀬
0 75m
徒歩約1分

📖 「森家」の貯蔵庫を修復して造られた酒店の酒商 田尻本店（MAP P39A1）には、奥行き18mもの大きなセラーが備わっています。

石垣、町家、祭りが織りなす越中八尾の風景にうっとり

江戸時代からの文化が今も随所に見られる情趣に富んだ街。
毎年9月1日から3日間行われる「おわら風の盆(☞P42)」には多くの人が訪れます。

越中八尾って
えっちゅうやつお
こんなところ

おわら風の盆と趣深い街並み

江戸時代、養蚕と和紙で栄えた越中八尾。越中八尾曳山祭やおわら風の盆など、当時の町人文化を伝える祭りが受け継がれている。坂の街として知られる旧市街は、町家が軒を連ね風情たっぷりだ。雑貨店やカフェなどが点在している。

問合せ 越中八尾観光協会☎076-454-5138 **アクセス** 富山駅からJR高山本線普通で約25分、越中八尾駅下車 **広域MAP** 折込裏D4

▲美しい屋根瓦と格子戸、白壁が特徴的な情緒ある街並み

▲西町地域では、高く積まれた石垣の上に家屋が立つ様子が見られる

▲街並みに溶け込む町家の構え

◀名工が腕をふるった越中美術工芸の粋を集めた曳山。毎年5月3日の祭りには6台が坂の町八尾を練り回る

---

① 八尾おわら資料館
やつおおわらしりょうかん

おわらの歴史や魅力にふれる

建物は八尾の伝統的な町家を再現。落ち着いた雰囲気の中でおわらを紹介する資料館。おわらの歴史や唄・踊り・衣装・楽器などを詳しく知ることができ、おわら風の盆の映像や音楽を楽しむことができる。

☎076-455-1780 **住**富山市八尾町東町2105-1 **入**入館210円 **時**9～17時(16時30分受付終了) **休**無休 **交**JR越中八尾駅から富山市コミュニティバス八尾環状線左廻りで13分、おわら資料館前下車すぐ **P**なし **MAP**P41B1

② 諏訪町本通り
すわまちほんどおり

おわらの風情が映える石畳の道

八尾町の旧町にあり、昭和61年(1986)には「日本の道100選」に選定された。石畳の舗装、無電柱化などの整備が行われ、格子戸や白壁の家並みが美しいコントラストを生んでいる。おわら風の盆の際にはぼんぼりが灯され、幻想的な雰囲気となる。

☎076-454-5138(越中八尾観光協会) **住**富山市八尾町諏訪町 **入時休**散策自由 **交**JR越中八尾駅から富山市コミュニティバス八尾環状線左廻りで9分、曳山展示館前下車、徒歩1分 **P**HPで要確認 **MAP**P41B1

③ 越中八尾観光会館 (八尾曳山展示館)
えっちゅうやつおかんこうかいかん
(やつおひきやまてんじかん)

越中八尾の曳山文化を体験

八尾曳山祭で巡行される絢爛豪華な曳山を常時3台展示。養蚕や和紙によって繁栄を極めた旦那衆の財力と美意識が光る。

☎076-454-5138(越中八尾観光協会) **住**富山市八尾町上新町2898-1 **入**入館500円 **時**9～17時(最終入館16時30分) **休**無休 **交**JR越中八尾駅から富山市コミュニティバス八尾環状線左廻りで9分、曳山展示館前下車すぐ **P**70台 **MAP**P41A1

・おすすめコース・

Start
JR越中八尾駅
↓ バス停 おわら資料館前 富山市コミュニティバス八尾環状線左廻りで13分
① 八尾おわら資料館 徒歩すぐ
↓ 徒歩3分
② 諏訪町本通り 徒歩5分
↓
③ 越中八尾観光会館（八尾曳山展示館） 徒歩8分
↓
④ 桂樹舎和紙文庫 徒歩5分
↓ バス停 上新町口 富山市コミュニティバス八尾環状線右廻りで7分
Goal
JR越中八尾駅

諏訪町本通りの豆腐店

「長江屋豆富店」では、昔ながらの生搾り製法で、大豆のおいしさを引き出す豆腐づくりに取り組む。汲み豆腐「淡雪豆腐」（写真）は大500円、小300円。☎076-454-7372 **MAP**P41B1

▲ 和紙名刺入れ各2090円は、軽さも魅力で、使うほどに味が出てくる。まゆ柄 黄（左）、幾何紋繋ぎ 赤（右）などデザインも豊富

▲ 小物や書類の整理に活躍する和紙の文庫箱。木の葉 緑（左）、市松華紋 青（右）。サイズは3種類小4400円、中5500円、大6600円

▶ 火～金曜に行われる紙漉き体験。10分ほどで、1枚の和紙を漉く。体験料700円

④ けいじゅしゃわしぶんこ 桂樹舎和紙文庫

八尾和紙の魅力に迫る施設

特産品・八尾和紙の技術を守り伝える工房。世界の紙の資料館の中に、オリジナル和紙商品が買えるショップが併設されているほか、手漉き和紙づくり体験も行っている。
☎076-455-1184 **￥**富山市八尾町鏡町668-4 **￥**入館500円 **◯**10～17時（入館は～16時30分）**休**月曜（祝日の場合は翌日）、9月5・6日、12月29日～1月10日 **交**JR越中八尾駅から富山市コミュニティバス八尾環状線右廻りで7分、上新町口下車、徒歩5分 **P**10台 **MAP**P41A1

食事ならコチラでどうぞ

やまもとしょくどう 山元食道

町家の空間でほっとひと息

築100年以上の町家を再生した店内は、八尾らしさ満点。できるだけ地元の食材にこだわって作られる、"お母さんの手作り料理"を楽しみに来店する客で賑わう。
☎076-455-2209 **￥**富山市八尾町鏡町1000-10 **◯**金～日曜11時30分～14時、夜の部は4名～要予約 **休**月～木曜 **交**JR越中八尾駅から富山市コミュニティバス八尾環状線左廻りで10分、鏡町下車、徒歩5分 **P**5台 **MAP**P41B1

▲ 地元おわらクリーンポークのしゃぶしゃぶ（コース3500円～の一部）

宿泊ならコチラでどうぞ

えっちゅうやつおべーす おやつ 越中八尾ベース OYATSU

風情ある八尾の暮らしを体験

蔵をリノベーションし、1棟貸切で宿泊ができる。八尾ならではの体験プランが多数用意され、地元の人と交流しながら伝統や文化にふれられる。
☎076-482-6955 **￥**富山市八尾町東新町2701-1 **￥**1泊2万6400円（8名まで宿泊可）+布団料金1人3300円 **◯**IN15時、OUT10時 **交**JR越中八尾駅から富山市コミュニティバス八尾環状線右廻りで9分、曳山展示館前下車、徒歩1分 **P**送迎なし **P**なし（要問合せ）**●**2016年開業 **MAP**P41A1

▶明治建築の蔵を改装したたたずまい

越中八尾へ
井田川
八尾町高熊
おわらビューホテル
八尾町鏡町
桂樹舎和紙文庫 P.41
宗樹寺
八尾ふらっと館前
市立図書館分館
山元食道 P.41
八尾町東町
観音寺
鏡町
八尾おわら資料館 P.40
八尾町上新町
公園前
越中八尾おわら風の盆
越中八尾観光会館（八尾曳山展示館）P.40
祐教寺
修道院前
越中八尾局
八尾小
八尾町
八尾町西新町
越中八尾
長江屋豆富店 P.41
諏訪町本通り P.40
嫡南鎮座神社
能養寺
越中八尾ベース OYATSU P.41
八尾町下笹目
越中八尾諏訪町
越中八尾
0 150m
徒歩約2分
八尾町東新町
城ケ山公園

美しく幻想的な祭り
越中八尾 おわら風の盆

哀愁漂う三味線や胡弓の調べにのって、優雅な女踊りや凛々しい男踊りを、
各町内の踊り手が揃いの衣装で披露する。

▲ おそろいの法被や
浴衣に編笠をかぶった
踊り手が魅了する

民俗行事から雅な芸能文化へ

もの哀しげな胡弓の旋律が古い町並みに響きわたり、編笠を目深にかぶった踊り手が静かに踊り歩く。気高く幻想的な光景が人々を魅了する「おわら風の盆」。

始まりは元禄15年(1702)。町外に流出していた重要書類を取り戻した町民たちが三日三晩踊り歩いたのが由来で、のちに風除けと五穀豊穣を祈る行事となった。大正〜昭和初期、おわらの芸術性を高める目的で一流の文化人が招かれ、唄や踊りを一新。洗練された「近代おわら」が今日に継承されている。

演者には「地方(じかた)」と「踊り」がある。地方は唄い手や三味線、胡弓などで構成され、おわら節の演奏を担当。踊りは豊年踊り、男踊り、女踊りの3種類があり、参加11町が町ごとの一団で踊り流す。

笠
顔の見えない笠は町流しが始まったころ、手ぬぐいで顔を隠して踊った名残

踊り手の衣装(右)(女性)
女性は黒帯(東町のみ異なる)。昔は帯にまで手が回らず、みんなが持っていた喪服の帯で代用していた名残

踊り手の衣装(左)(男性)
法被、股引、足袋までオールブラックで精悍。法被の文様だけは各町ごとに背中に紋入りで趣向を凝らす。素材は羽二重

おわら風の盆のキホン

前夜祭(2022年は中止)
8月20〜30日の20〜22時
11ある町内のうちの1町内で、毎晩輪踊りと町流しが行われる。越中八尾観光会館(八尾曳山展示館)(☞P40)では、期間中毎日18時30分から約1時間半、「前夜祭おわらステージ」を開催している。これらを観覧した後、開催町内へ出かけるのが定番。

本祭
9月1〜3日(時間は予定)
各町内が15〜17時、19〜23時に輪踊り、町流しを実施。3日は19〜23時のみ。その後は有志で夜明けまで行うこともある。

風の盆「おわら演舞場」
(2022年は中止)
9月1〜3日
19時〜20時55分、指定席3600円、自由席2100円(雨天中止、ペット同伴不可)

車でのアクセス
おわら開催中は深夜1時まで車両乗り入れ禁止。八尾スポーツアリーナに駐車(2022年度開設未定)、シャトルバス(2022年度運行未定)で会場へ。

問合せ
越中八尾観光協会
☎076-454-5138

祭りガイド Q&A

Q 町流しのスケジュールは?
直前までわからないが、祭り当日に配布されるパンフレットには詳しく記載。また8月上旬ころからHPでも情報公開している。

Q 歩きまわらないといけない?
越中八尾駅駅前、八尾曳山展示館ホールなどに、特設会場・ステージがあり、踊りを見ることができる(一部有料)。

Q 雨天時はどうすればいい?
晴れ間を見つけて踊ることもあるが、雨の場合は休止。越中八尾観光会館(八尾曳山展示館)のホールでは、舞台踊りが披露される(有料)。
※2022年5月現在、開催未定

Q 祭り期間外でも楽しめる?
おわらの歴史や唄・踊り・衣装・楽器などについては、八尾おわら資料館(☞P40)でふれることができ、大型スクリーンで映像も見られる。

Q 見るときのマナーは?
街もキレイに保全されているので汚さない、踊り中はカメラのフラッシュを控える。地方の音色をかき消さないよう、静かに見ることも大切。

Q おすすめの見方はある?
どうしても人が集中しがちな1〜3日の本祭のほか、前夜祭も見ごたえがあるということで、年々人気が高まっている。
※2022年は前夜祭中止

高岡・氷見・新湊で出合うモノや料理には、
匠の技と進取の気性が見られます

恵まれた歴史と自然を生かそうと精進する職人の技が感じられるエリアです。
高岡なら、伝統とモダンが融合した工芸品のお店で、日常使いの器を探し、
漁港のある氷見や新湊では、富山湾の恵みを贅沢にいただきましょう。
内陸部へ足を延ばせば、富山ならではの絶景が待っています。

これしよう！
高岡銅器や
鋳物巡りを！
街を代表する高岡大仏
や、銅像、モニュメント
を巡る散策（☞P46）
がおすすめ。

これしよう！
港町の風情と
絶品グルメを満喫
氷見（☞P52）や新湊（☞P56）
を巡って、人気のグルメスポット
で魚介料理を味わおう。

access

🚃 **電車**

富山駅
あいの風とやま鉄道20分
高岡駅
JR氷見線30分　万葉線47分
氷見駅　海王丸駅

問合せ
☎0766-20-1547（高岡市観光協会）
☎0766-74-5250（氷見市観光協会）
☎0766-84-4649（射水市観光協会）
MAP P60-61

絶景広がる伝統工芸と海鮮グルメのベイエリア

高岡・氷見・新湊

たかおか・ひみ・しんみなと

こんなところ

加賀藩の城下町として栄えた高岡は、鋳
物など伝統工芸が受け継がれるものづ
くりの街で、鋳物体験も行っている。氷
見は立山連峰を望む富山湾の絶景と、人
気のグルメスポットで新鮮な魚介を堪
能できる港町。優美な帆船が停泊する新
湊は川沿いの散策や遊覧船での橋巡り
も楽しい。

船で立山連峰や定置網を見学

富山湾随一の水揚げ
を誇る氷見漁港のそ
ばには、湾内を約25
分で周遊する氷見沖
クルージングの遊覧船がある。☎0766-
74-5250（氷見市観光協会）🎫大人
1200円🕘9～15時最終（1時間ごとに出
航、12時台を除く）🈺5～10月運航（予定）、
悪天候の場合運休 MAP P61C1

万葉線のフリーきっぷ

車内で「一日フリーきっぷ」のほか、海
王丸乗船券をセットにしたきっぷも販売
している。☎0766-25-4139（万葉線）
🎫一日フリーきっぷ900円／万葉線・海王
丸セットクーポン1100円

高岡駅から観光列車で行こう！

観光列車ベル・モンターニュ・エ・メール、
通称「べるもんた」は、海辺へ向かうJR
氷見線と、山懐へ向かうJR城端線を走
る。事前の予約で富山湾鮨が食べられ
るプランも。☎0570-00-2486（JR西日
本お客様センター）🎫乗車区間の運賃+座
席指定券530円🕘城
端方面：土曜に1日2往
復、氷見方面：日曜に1
日2往復。全席指定
MAP P60A2

3 氷見漁港場外市場 ひみ番屋街
（☞P52）

4 氷見魚市場食堂
（☞P54）

氷見市潮風ギャラリー
（藤子不二雄Ⓐアートコレクション）

氷見市海浜植物園

富山湾

氷見市役所

氷見駅

島尾駅
・島尾海岸

76

氷見市

日ノ宮神社

361 399

氷見線

雨晴駅
雨晴海岸

磯はなび

361

越中国分駅

気多神社

高岡市万葉歴史館 伏木駅

高岡市

城光寺公園

415

伏木港

割烹 かわぐち
（☞P58）

伏木富山港 海王バードパーク

350

万葉線

11 351

海王丸駅 越ノ潟駅

富山新港

0   N   2km

5 海王丸パーク
（☞P56）

ひみししおかぜぎゃらりー
（ふじこふじおえーあーとこれくしょん）
氷見市潮風ギャラリー
（藤子不二雄Ⓐアートコレクション）

氷見市は『忍者ハットリくん』や『怪物くん』などの作者、藤子不二雄Ⓐ先生の出身地。ギャラリーでは先生の貴重な原画や複製原画を展示している。
☎0766-72-4800 **MAP**
P61B1

©藤子スタジオ

能町駅

大寺幸八郎商店
（☞P49）**2**

越中中川駅

8 新大橋

29

57

瑞龍寺

新高岡駅観光交流センター 新高岡駅

城端線 北陸新幹線

高岡駅

高岡大橋 11

大門大橋

高岡市役所

1 高岡大仏
（☞P46）

射水市

射水市大島絵本館

射水市役所

472

236

235

しんたかおかえきかんこうこうりゅうせんたー
新高岡駅観光交流センター

新幹線でアクセスしたときに立ち寄りたい。高岡市内に限らず幅広い地域の情報が得られる。県西部を中心とした伝統的工芸品を展示・販売するギャラリーもある。
☎0766-30-2626 **MAP** P60B4

拡大図左下

氷見駅

氷見線 氷見湾 越ノ潟駅

高岡駅 万葉線

北陸新幹線

新高岡駅

城端線

砺波 P.62

井波 P.66

東海北陸自動車道

北陸自動車道

城端駅 城端 P.64

10km

高岡・氷見・新湊

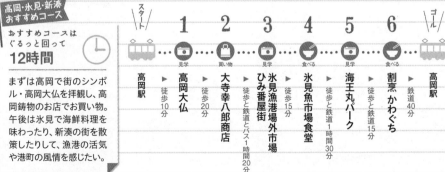

高岡・氷見・新湊
おすすめコース

おすすめコースは
ぐるっと回って
12時間

まずは高岡で街のシンボル・高岡大仏を拝観し、高岡鋳物のお店でお買い物。午後は氷見で海鮮料理を味わったり、新湊の街を散策したりして、漁港の活気や港町の風情を感じたい。

スタート		**1**		**2**		**3**		**4**		**5**		**6**		ゴール
		見学		買い物		見学		食べる		見学		食べる		
高岡駅	▶	高岡大仏	▶	大寺幸八郎商店	▶	氷見漁港場外市場 ひみ番屋街	▶	氷見魚市場食堂	▶	海王丸パーク	▶	割烹 かわぐち	▶	高岡駅
	徒歩10分		徒歩20分		徒歩と鉄道とバス1時間20分		徒歩15分		徒歩と鉄道1時間30分		徒歩と鉄道15分		鉄道40分	

格子造りの家々が軒を連ねる
伝統と文化の街・高岡をおさんぽ

加賀藩2代藩主・前田利長によって開かれ、鋳物づくりで繁栄した城下町。
伝統的建造物を見学し、レトロな通りのリノベカフェで休憩しましょう。

① 瑞龍寺
ずいりゅうじ

富山県唯一の国宝で有名

江戸初期の禅宗寺院建築の典型的な建物群を現代に伝える、前田利長の菩提寺。加賀藩3代藩主・前田利常が約20年の歳月をかけて建立した。国宝に指定されている山門、仏殿、法堂がみどころ。

☎0766-22-0179 ⊕高岡市関本町35 ¥拝観500円 ⓣ9時～16時30分（冬期は～16時）ⓗ無休 ⓧ高岡駅から徒歩10分 Ⓟ46台 MAP P60B3

▲ 仏殿を囲むように左右対称に造られた回廊をもつ寺院は、極めて珍しい

▲ 鉛板葺きの仏殿屋根や、欅や戸室石をふんだんに使った堂内は必見

② 高岡大仏
たかおかだいぶつ

高岡銅器のシンボル

高さ約16mの巨大な青銅製大仏。木造大仏が大火で焼失したことから、高岡銅器の技を駆使し、約30年の歳月をかけて建立された。台座下回廊の焼失を免れたご尊顔もみどころだ。

☎0766-23-9156 ⊕高岡市大手町11-29 ¥拝観志納 ⓣ台座下回廊6～18時 ⓗ無休 ⓧ高岡駅から徒歩10分 Ⓟ12台 MAP P60B1

◀完成したのは昭和8年（1933）。夜はライトアップされてより荘厳な雰囲気に

おすすめコース

| ・スタート 高岡駅 | → 徒歩10分 | ① 瑞龍寺 | → 徒歩20分 | ② 高岡大仏 | → 徒歩8分 | ③ 山町ヴァレー | → 徒歩10分 | ④ 高岡市鋳物資料館 | → 徒歩20分 | ・ゴール 高岡駅 |

レンタサイクルも便利

市内を快適に巡るにはレンタルサイクルが便利。高岡駅や山町ヴァレー、高岡古城公園など市内6カ所に貸出場所がある。☎0766-20-0555（末広開発）

¥1回300円 ⏰10〜16時 休冬期（12〜3月）

▲ 高岡の歴史を展示。古民家の建物も魅力だ

④ たかおかしいものしりりょうかん 高岡市鋳物資料館

高岡鋳物の原点を知る

高岡鋳物発祥の地・金屋町に立つ、民家を改修した資料館。鋳物にまつわる古文書や鋳物師が愛用していた道具などを展示。所蔵の資料1561点は国登録有形民俗文化財。

金屋町地区
高岡鋳物発祥の地。石畳の通りに格子造りの家が軒を連ねる。

☎0766-28-6088 住高岡市金屋町1-5 ¥入館300円 ⏰9時〜16時30分 休火曜（祝日の場合は翌日） 交万葉線片原町駅から徒歩10分 P金屋町緑地公園駐車場利用8台 MAP P60A1

▲ 中庭に並ぶ5つの蔵も趣がある

◀文具商だった旧谷道家を改修して利用

③ やまちょうヴぁれー 山町ヴァレー

レトロ建築の魅力をぎゅっと凝縮

古い商家をリノベーションし、飲食店をはじめとした個性的なテナントが入居する商業施設。中庭を囲むように木造3階建ての洋館や蔵が並び、レトロな建物そのものもみどころ。

山町筋地区
旧町人町。明治から昭和初期に建てられた蔵造りの商家が並び、レトロな洋館も点在。

☎0766-75-9614 住高岡市小馬出町6 ⏰10〜17時（店舗により異なる） 休不定休 交万葉線片原町駅から徒歩3分 P9台 MAP P60B1

周辺のひと休みスポット

こんま、こーひー すたんど COMMA,COFFEE STAND

明治時代の商家をリノベーション

土蔵造りの商家が並ぶ山町筋に位置。注文を受けてから作るシュークリームは、地元養鶏場の卵と八尾の牛乳を使用したこだわりの味。日替わりランチも提供。

☎070-5465-0993 住高岡市小馬出町48-1 ⏰11〜17時、夜は要予約 休月・火曜（祝日の場合は営業） 交高岡駅から徒歩12分 P3台 MAP P60B1

▲ 白い漆喰と黒瓦が目印

▲ シュークリームとフルーツ480円。ドリップコーヒーHOT550円

📖 山町ヴァレー内のCRAFTAN（MAP P60B1）では魚介、肉、キノコ類など多様な昆布〆を提供。クラフトビールとの相性も抜群です。

高岡 ● 格子造りの家々が軒を連ねる伝統と文化の街・高岡をおさんぽ

見て、買って、体験して。
高岡クラフトの世界にふれましょう

加賀藩前田家によって開かれた高岡。文化振興を深く求める前田家により、
発展してきた鋳物や漆器などの伝統工芸は、今も大切に受け継がれています。

高岡郊外
のうさく
能作

高岡の鋳物技術に感動する

高岡で400年以上にわたり製造されている高岡銅器。その老舗メーカーの能作本社では、スタッフの説明を聞きながら鋳造の作業工程を見学できる（内容変更、休止の場合あり）。鋳物製作体験ができるほか、錫の器で飲食できるカフェを併設する。

☎0766-63-0001（予約・問合せ）住高岡市オフィスパーク8-1 ¥鋳物製作体験1000円〜 ⏰10〜18時（カフェ17時30分LO）休無休 交JR新高岡駅から世界遺産バスで13分、能作前下車すぐ P32台 MAP折込裏C3 ※工場見学と体験は事前予約制。詳細はHPにて要確認

体験DATA
開催毎日 料金1000円〜 所要約30〜90分 予約要

1 木型が一面にディスプレイされている様子はまるでアートのようだ 2 ぐい呑みやトレーが作れる体験も楽しみたい 3 職人カレーセット1500円などがあるカフェも備える

ビアカップ - シラカバセット - レッド
1万3200円
錫100%製のビアカップとエゾシカ革製のスリーブ・コースターとのセット

KAGO - ローズ - S
4180円
好きな形に変えられるやわらかい錫の特性を生かした籠

フラワーベース - suzu - ようなし
1万4850円
洋梨の形をした、しなやかなラインの花器

ピンバッジ
各1100円
鯛のかまぼこやホタルイカなど、富山の名物がモチーフ

ぐい呑 3960円
片口 - 小 6050円
お酒の雑味が抜けるといわれる錫100%製の器

そろり - L
1万1000円
お茶席の花入れとして使われる花器

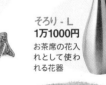

はりねずみ
1万5400円
愛らしいハリネズミと緑の苔に癒やされそう

デザイン性に富んだ高岡銅器のショップ

高岡銅器組合所属の9社が共同経営する店が「KANAYA」。金属鋳造技術を継ぐ職人と国内のデザイナーとがコラボし、現代のライフスタイルに合った雑貨などを制作、販売している。定休日は木・土・日曜、祝日(予約があれば営業)。
☎070-5630-2933(担当者直通) **MAP** P60A1

金屋町地区
おおてらこうはちろうしょうてん

大寺幸八郎商店

アクセサリー作り体験もおすすめ

鋳物の製造卸を営む大寺幸八郎商店のギャラリー&カフェ。地元職人の鋳物作品や店主が集めた和雑貨などが並ぶ。錫のアクセサリー体験も人気で、やわらかな錫を曲げて形づくる。店奥の座敷はカフェスペースになっている。

☎0766-25-1911 **住**高岡市金屋町6-9 **○**10〜17時 **休**火曜 **交**高岡駅から徒歩20分 **P**なし **MAP** P60A1

体験DATA
開催 営業日 **料金** 2200円〜 **所要** 約30〜60分 **予約** 予約が望ましい

1 錫を切って曲げて、オリジナルアクセサリーを作ろう 2 玄関先に立つ鋳物の銅像が店の目印 3 香りが立つベトナムのダラットコーヒーは440円

干支の置物 1個4950円〜
牛や寅など十二支が揃う小さなブロンズ

ピアス(体験製作例)
2200円
錫製の木の葉のピアス。金属とは思えないステキな揺れ具合

山町筋地区
しっきくにもと

漆器くにもと

高岡ならではの逸品が充実

高岡漆器の自社オリジナル製品を中心に、高岡の鋳物やクラフト商品を取り揃えている明治時代創業の老舗。ほかに、富山県内外から届くクラフトや生活雑貨まで、多彩な商品が並ぶ。

☎0766-21-0263 **住**高岡市小馬出町64 **○**11〜17時 **休**火・水曜 **交**万葉線坂下町駅から徒歩3分 **P**なし **MAP** P60B1

体験DATA
開催 要問合せ **料金** 小物・箸3500円+税 **所要** 約60分 **予約** 要

▲ 工芸の街・高岡の、ものづくりが見えるお店

螺鈿SDGsバッジ
3850円
螺鈿の技を用いたマグネットタイプのSDGsバッジ。光を反射し美しくキラキラ輝く

金屋町地区
いものこうぼう りさぶろう

鋳物工房 利三郎

手作りの鋳物が人気

明治初期より150年の歴史をもつ鋳物工房。ギャラリーには花瓶や置物香立など手作りの品が並び、奥の工房では鋳物体験ができる。

☎0766-24-0852 **住**高岡市金屋町8-11 **○**10〜18時 **休**第4日曜 **交**万葉線坂下町駅から徒歩15分 **P**3台 **MAP** P60A1

体験DATA
開催 営業日 **料金** 3300円〜 **所要** 約60分 **予約** 要

守宮(やもり)
1体9680円
家を守るとされる縁起のよいヤモリ。銅製でペーパーウェイトにもなる利三郎オリジナル

▶ ペーパーウェイトや箸置きなどの鋳物体験や工場見学が楽しめる

ココにも行きたい

高岡のおすすめスポット

高岡大仏周辺
たかおかこじょうこうえん
🏯 高岡古城公園

城跡を生かした自然豊かな公園

水濠が敷地の3分の1を占める、濠に囲まれた公園。慶長14年（1609）に加賀前田家2代当主・前田利長公が築いた高岡城があった地で、城跡が公園として整備された。園内には入場無料の動物園などがあり、家族みんなで楽しめる。**DATA** ☎0766-20-1563（管理事務所）🏠高岡市古城1-9 ⏰💰🈺入園自由 🚉高岡駅から徒歩15分 🅿130台 **MAP** P60C1

市役所周辺
よしむね
🍛 吉宗

人気のスパイシーなカレー

15種のスパイスをブレンドしたコクのあるカレーにもちもちしたうどんがよく絡むカレーうどん900円が名物のうどん店。煮込まれてほろほろの鶏肉がごろっと入っている。**DATA** ☎0766-24-1767 🏠高岡市宝町7-4 ⏰11〜15時、17〜20時（土・日曜、祝日11〜20時）🈺月・火曜 🚉高岡駅から万葉線で14分、市民病院前駅下車、徒歩3分 🅿12台 **MAP** 折込裏C2

高岡大仏周辺
いみづさりょう
🍵 いみづ茶寮

静かに時が流れる穴場カフェ

高岡古城公園内にある射水神社境内にたたずむ、全国でも珍しい神社内に誕生したカフェ&ギャラリー。夏は限定メニューの古代米のモナカアイス200円、抹茶オレ500円が人気。**DATA** ☎0766-22-0808 🏠高岡市古城1-1高岡古城公園内射水神社 ⏰10時〜17時30分 🈺火曜 🚉高岡駅から徒歩15分 🅿射水神社駐車場利用60台 **MAP** P60C1

山町筋地区周辺
たかおかみくるまやまかいかん
🏯 高岡御車山会館

ユネスコ無形文化遺産に登録され話題

毎年5月1日開催の高岡御車山祭（P107）。祭りの主役を務める御車山は、前田利長が御所車を高岡城築城にあたり町民に与えたのが始まりとされる。ここではさまざまな工芸技術が施された御車山を通年展示。**DATA** ☎0766-30-2497 🏠高岡市守山町47-1 💰入館450円 ⏰9〜17時（入館は〜16時30分）🈺火曜（祝日の場合は翌平日）🚉高岡駅から徒歩12分 🅿指定駐車場利用 **MAP** P60B1

高岡駅周辺
かいせんどんや かきのしょう
🐟 海鮮問屋 柿の匠

新鮮な魚介が踊る海鮮丼

加賀藩の台所とよばれ、今も富山湾全漁港から魚介が集う高岡。その市場の仲買権をもつ柿の匠は、豊富な鮮魚を仕入れ、海鮮丼、寿司、白エビ料理など、海鮮問屋ならではの多彩なメニューを提供する。**DATA** ☎0766-28-0003 🏠高岡市大野156 ⏰11〜14時LO、17時〜20時30分LO 🈺水曜夜 🚉高岡駅から徒歩17分 🅿60台 **MAP** P60C2

山町筋地区
おおのや
🍡 大野屋

高岡文化の新旧が楽しめるお菓子

天保9年（1838）創業、和菓子のとこなつ、高岡ラムネ（☞P32）などで知られる老舗菓子店。越の家菓餅（写真、3個入り702円）は、富山県産のもち米、希少な極小黒大豆と最上級の黒糖蜜で仕上げた風味豊かな餅菓子。**DATA** ☎0766-25-0215 🏠高岡市木舟町12 ⏰8時30分〜19時 🈺水曜（祝日の場合は営業）🚉高岡駅から徒歩10分 🅿4台 **MAP** P60B1

伏木
たかおかしまんようれきしかん
🏯 高岡市万葉歴史館

歌人が見た越中を知る

『万葉集』の編者ともされる歌人・大伴家持や越中万葉がテーマ。越中に赴任した際に詠んだ歌をはじめ、家持の生涯や奥深い歌の世界をプロジェクションマップやパネルで学べる。**DATA** ☎0766-44-5511 🏠高岡市伏木一宮1-11-11 💰入館300円 ⏰9〜18時（11〜3月は〜17時、最終入館は閉館の45分前）🈺火曜（祝日の場合は翌日）🚉高岡駅からJR氷見線で13分、伏木駅下車、徒歩20分 🅿54台 **MAP** 折込裏C2

高岡大仏周辺
かふぇ みんぴ
☕ Café mimpi

素材のよさが際立つヘルシースイーツ

ご主人が厳選した食材を野菜ソムリエの資格をもつ奥様が調理する。野菜にこだわったメニューが多く、素材を生かしたホッとする味。野菜&果物のベジフルパフェ900円は迫力ある見た目とは違い、野菜のやさしい甘みがスイーツとマッチ。**DATA** ☎0766-21-1535 🏠高岡市中川上町10-14 ⏰10〜15時 🈺金曜、第3木曜 🚉高岡駅から徒歩15分 🅿8台 **MAP** P60C1

---

column

『万葉集』にも詠まれた「雨晴海岸」

女岩や海越しに標高3000m級の立山連峰を望む、風光明媚な海岸。万葉の歌人、大伴家持も魅了され多くの歌を詠んだ。冬の早朝には気あらしが発生することもある。**DATA** ☎0766-20-1547（高岡市観光協会）🏠高岡市太田雨晴 ⏰💰🈺散策自由 🚉高岡駅からJR氷見線で20分、雨晴駅下車、徒歩5分 🅿21台（道の駅 雨晴駐車場）**MAP** 折込裏C2

みんな大好き！ ドラえもんに会いに行こう

大人から子どもまで幅広い世代に人気の「ドラえもん」を生み出した
藤子・F・不二雄氏の出身地・高岡で、ドラえもんゆかりのスポットを巡ろう！

連載開始から 53年のドラえもん

昭和44年（1969）、藤子・F・不二雄氏が小学館の学年誌で連載をスタート。昭和54年（1979）からテレビ朝日系で開始したテレビアニメが大ヒットし、国民的な人気を得る。テレビアニメは現在も放送中で、毎年公開されるアニメ映画はヒット作の常連。アジアをはじめ世界各国語に翻訳されている。高岡は藤子・F・不二雄氏の出身地。

たかおかし ふじこ・えふ・ふじお ふるさとぎゃらりー
高岡市 藤子・F・不二雄 ふるさとギャラリー

高岡市美術館2階にあるギャラリー。高岡出身の漫画家、藤子・F・不二雄氏の原画・愛用品の常設展示のほか、あゆみの紹介や企画展の開催、オリジナルショートムービーの上映なども好評。
☎0766-20-1170 ⏱高岡市中川1-1-30高岡市美術館2階 ¥観覧500円ほか ⏰9時30分～17時（入館は～16時30分）休月曜（祝日の場合は翌平日）交高岡市内からJR氷見線で3分、越中中川駅下車、徒歩2分 P83台 MAP P60C1

▲入口はおなじみの「どこでもドア」

▲高岡での創作活動や初公開作品なども紹介

約1mの大きさのドラえもん像など、キャラクターはほぼ等身大

たかおかおとぎのもりこうえん
高岡おとぎの森公園

花と緑の総合公園の一角に再現したドラえもんの空き地。おなじみの土管の周りには、ドラえもん、のび太など人気キャラクターの立体像が並ぶ。ひみつ道具を描いた日時計もある。
☎0766-28-6500 ⏱高岡市佐野1342 ¥入園無料 ⏰おとぎの森館とこどもの家9～17時 休おとぎの森館とこどもの家は火曜（祝日の場合は翌日）交JR新高岡駅から徒歩13分 P300台 MAP P60A4 ※おとぎの森館は2022年12月中旬まで休館中

▲公園内にある展望台からは、高岡の街を一望できる

高岡の街中でドラえもんを発見！

どらえもんとらむ
ドラえもんトラム

高岡市～射水市間を結ぶ万葉線の路面電車をラッピング。どこでもドアから乗車すると、車内の壁や天井などにドラえもんたちがいっぱい。DATA ☎0766-22-1196（万葉線）⏱万葉線高岡駅～越ノ潟駅 ¥初乗り200円 ※万葉線HPにて要確認 休月曜（祝日の場合は点検後運行）MAP P60B2

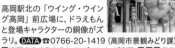

どらえもんのさんぽみち
ドラえもんの散歩道

高岡駅北の「ウイング・ウイング高岡」前広場に、ドラえもんと登場キャラクターの銅像がズラリ。DATA ☎0766-20-1419（高岡市景観みどり課）⏱高岡市末広町1-8ウイング・ウイング高岡 ¥休見学自由 交高岡駅から徒歩2分 Pなし MAP P60B2

どらえもんぽすと
ドラえもんポスト

藤子・F・不二雄氏生誕80年を記念して制作。投函するとドラえもんの記念消印が押される。DATA ☎0766-20-1255（高岡市文化振興課）⏱高岡市下関町6-1高岡駅交通広場（1階待合室）⏰公共交通の始発から最終便まで MAP P60B2

51

氷見漁港場外市場 ひみ番屋街で新鮮魚介を堪能！

立山連峰の美しい景観とともに有名なのが、富山県一の水揚げを誇る氷見漁港の鮮魚。とびっきりの海鮮を提供する店を巡って、食べて、呑んで、買って楽しみましょう。

ひみぎょこうじょうがいいちば ひみばんやがい
氷見漁港場外市場 ひみ番屋街

楽しいおさかなスポット

漁師の作業小屋である番屋をイメージした建物に氷見のグルメが勢揃い。足湯や展望広場も併設している。

☎0766-72-3400 住氷見市北大町25-5
⏰物販8時30分～18時(店舗により異なる) 休無休 交JR氷見駅から加越能バス氷見市街地周遊バス左回りで12分、ひみ番屋街下車すぐ
P220台 MAP P61B1

▲買ってよし。食べてよしの食の宝庫。新鮮な海の幸が並ぶ様子に心も弾む

▲漁師の作業小屋である番屋をイメージした建物

洋食 気軽に氷見グルメを満喫

A ようしょくやはろー
洋食屋ハロー

氷見産の煮干しを使った氷見カレー850円～や魚のすり身揚げと地物野菜が入った、ととぼちカレー890円など、ご当地食材を使ったメニューが豊富。

☎0766-72-2286
⏰9時30分～18時

▲氷見バーガー580円。氷見牛や氷見産ハト麦を使用

▶氷見牛イエローコロッケ300円。氷見牛100%使用のコロッケで、立山連峰の形をしたカレー味

郷土料理 ちょい食べ、ちょい呑みで漁師気分

C はまやきやたいかぶすや
浜焼き屋台かぶすや

「かぶす」とは、その日漁を終えた漁師への分け前のことで、浜の番屋で食べることもあったそう。そんな漁師飯を気軽に味わえ、ちょい呑みもできる。

☎0766-72-3400 (氷見漁港場外市場 ひみ番屋街)
⏰10～16時(土・日曜、祝日9～17時)

▶本日のかぶす汁1杯400円。その日とれた魚やすり身などの海産物が入る

▲朝どれするめいかの姿焼き600円(時価)など。季節によりメニューが異なる

スイーツ インスタ映えするご当地ソフト

B うぃゔぁーちぇ
ヴィヴァーチェ

海藻のナガラモやコシヒカリなど、地元の食材を使った季節ごとのジェラート350円や氷見産の食材を挟む、ひみコッペ200円～も要チェック。

☎0766-74-3755 ⏰8時30分～18時

▶県産や氷見産の素材を生かしたテイクアウトスイーツが充実している

▶ブラックソフトクリーム350円。竹炭を練り込んだチョコレート味のソフト

水産加工品 魚問屋のこだわりをみやげに

D つりや ひみばんやがいてん
つりや ひみ番屋街店

江戸時代から150年以上続く魚問屋が手がける保存食専門店。燻製や干物、オイル漬けなど、丁寧に作られた海の幸を堪能できる。

☎0766-54-0809 ⏰8時30分～18時

▲ほたるいか素干し1袋626円。ワタのほろ苦い風味が口に広がり、酒の肴におすすめ

◀片口いわしオイル漬け(大)1個1080円。脂ののったイワシを塩とハーブだけで味付けし、骨まで食べられる

足湯

海越しの立山を望める無料の足湯あり。神経痛や筋肉痛に機能があるという塩化物強塩温泉。
🕐8時30分〜17時30分

氷見の魚に
ピッタリのお酒を
おみやげに

明治5年（1872）創業の「髙澤酒造場」では、富山県内の酒蔵で唯一、「槽搾り（ふねしぼり）」を守り伝えている。富山湾特有の海風"あいの風"にさらして冷やすことでおいしい酒が醸される。
☎0766-72-0006 MAP P61B1

展望広場
東の番屋　　A　B
東の番屋　　番屋亭　みのりの番屋
フードコート
オープンテラス　　C
ウッドデッキ　　　　南の番屋
フードコート　　　　　　D
西の番屋　　E　西の番屋
足湯　　　　G　F
北の番屋　　　バスのりば

展望広場

富山湾に浮かぶ唐島と気象条件がよければ海越しにそそり立つ立山連峰が眺められる。
¥ 🕐 休 見学自由

氷見 ● 氷見漁港場外市場 ひみ番屋街で新鮮魚介を堪能！

かまぼこ **伝統の技で作るかまぼこ**

E 三權商店 ひみ番屋街店
（さんごんしょうてん ひみばんやがいてん）

氷見産魚介を原料に使い伝統の技でかまぼこを製造。品評会で最高賞を得た、くんせい蒲鉾、ミニかまぼこ、細工かまぼこなど商品多彩。
☎0766-54-0350 🕐8時30分〜18時

▲くんせい蒲鉾1個648円〜。チーズ入りとサラミ入り。ほどよいスモーク風味で酒のアテに最適

◀ミニかまぼこ1個270円〜。押し寿司に見立てた食べきりサイズ。白えび、紅鮭など多種あり

寿司 **氷見漁港直送だから鮮度抜群**

G 氷見前寿し
（ひみまえずし）

すぐ近くの漁港で揚がる魚介を、職人技で握る繁盛店。真アジ308円などの単品から、トロやエビの三種盛り418円〜、おすすめ十種1936円まで、どのメニューをとっても満足できる。
☎0766-50-8838 🕐10〜20時 ※時期により内容、価格が異なる場合あり

▲白身三種盛り3貫528円。職人がすすめる朝どれの白身魚の盛り合わせ

▲富山湾青身三種盛り3貫418円。富山湾で水揚げされた青身魚の盛り合わせ

和食 **店名どおりの新鮮魚介づくし**

F きときと亭 三喜
（きときとてい みき）

新鮮なことを表す富山弁の「きときと」を冠した和食処。氷見の地魚を選り抜き、丼や定食で提供。昼は、郷土料理「かぶす汁」が付く刺身定食1650円、白えびかき揚げ丼1300円などがおすすめ。
☎0766-74-0221 🕐11〜16時、17〜19時（2022年5月現在、夜の営業は休止中）

▶海鮮丼2300円。その日の仕入れで決まるネタ12〜13種がのる

直売所に並ぶ朝どれ野菜にも注目！

みのりの番屋には、地元農家の生産者の名前を記した新鮮野菜、和菓子、惣菜が揃っており、値段もリーズナブル。
☎0766-74-3520 🕐8時30分〜18時

▶旬の朝どれ野菜や果物がズラリと並ぶ農産品直売所

📖 日帰り入浴施設・氷見温泉郷総湯（MAP P61B1）がひみ番屋街に隣接。浴槽は露天風呂、寝湯など多様で、飲食処や休憩室も併設。

海の幸、ブランド牛、うどん…
氷見の名物グルメをいただきます

富山湾でとれる鮮度抜群の魚介を筆頭に、氷見にはおいしいものが多彩に揃います。
グルメの街・氷見が誇る味を余すことなく、満喫しましょう。

名物はコレ！

寒ブリ
脂がたっぷりのった富山のブリは、新鮮だから1本余すことなく食べられる。

ブリの刺身
時価
脂ののった鮮度抜群の寒ブリを贅沢な厚さにカット。冬のみの提供（期間はその年により異なる）

氷見漁港周辺
ばんやりょうり ひみはま
ばんや料理 ひみ浜

県外客に自慢したい富山の味

氷見漁港すぐそばのお店。漁師経験のある父親が始め、現在は2代目が切り盛りする。煮魚や氷見独特の「かぶす汁」も評判だ。ブリが旬の期間はブリのみ、それ以外はその時期に旬の魚を提供。

☎0766-74-7444 🏠氷見市比美町21-15 🕐11〜14時LO(金〜日曜は17時〜18時30分LOも営業。平日夜は要予約) 🈺不定休 🅿氷見漁港駐車場利用200台 🚉JR氷見駅から徒歩12分 🗺️P61C2

名物はコレ！

富山湾鮨
富山湾の旬の地魚にこだわった鮨。手ごろな値段で、富山らしい汁ものも付く。

富山湾鮨
2800円
キジハタやデブガツオといった高級魚をはじめ、鮮度も品質も抜群のネタが揃う

氷見漁港周辺
まつばずし
松葉寿司

こだわりの美味をゆったりとお座敷で

座敷でくつろぎつつ、氷見の地魚などこだわりのネタで握った寿司を提供。品質は最大限に追求しながらも、寿司盛り合わせが1600円〜と値段は良心的で、多くのファンから愛されている。

☎0766-72-0266 🏠氷見市丸の内7-21 🕐11時30分〜13時30分、17〜21時 🈺日曜 🅿8台 🚉JR氷見駅から徒歩15分 🗺️P61B2

名物はコレ！

海鮮丼
氷見漁港で水揚げされる多種多彩な魚介を一度に味わえるのがうれしい。

氷見浜丼
はんさ盛り
（大盛）2520円
この日はブリ、鯛、メジナなど。土鍋の漁師汁、小鉢、漬物付き

氷見漁港周辺
ひみうおいちばしょくどう
氷見魚市場食堂

氷見漁港内の食事処で豪快な丼を

氷見漁港で水揚げされたばかりの魚介料理が自慢で、漬丼やお刺身定食、鮮魚のフライなどが味わえる。人気の海鮮丼に付く氷見浜名物、土鍋の漁師汁も楽しみ。

☎0766-72-2018 🏠氷見市比美町435氷見漁港内 🕐6時30分〜15時(日曜日は〜15時30分) 🈺無休 🅿200台 🚉JR氷見駅から徒歩15分 🗺️P61C1

手軽に味わえる
回転寿司も
漁港に近いから
一段とハイレベル

「氷見きときと寿し 氷見本店」で提供される主なネタは、氷見漁港から直送される地魚。春夏秋冬さまざまなものが揃い、富山湾の恵みをここ1店で味わえるといってもいいほどだ。
☎0766-91-5114 **MAP** 折込裏C2

氷見駅周辺
ひみぎゅうせんもんてん たなか

氷見牛専門店 たなか

口の中でたちまちとろける絶品

厳しい品質規格をクリアした氷見牛を販売する専門店。販売所では、氷見牛たっぷりのコロッケやメンチカツなどの加工品が人気。併設の「食べ処たなか」では、炭火焼で肉本来の味を楽しめる。

☎0766-73-1995 **住**氷見市朝日丘3931-1JAグリーンセンター内 **時**11時30分～14時（入店）、17時～20時30分（入店）※精肉販売9～19時 **休**水曜、第1・3火曜 **P**30台（共同）**交**JR氷見駅から徒歩15分 **MAP**P61B3

名物はコレ！

氷見牛
氷見市は県内随一の牛肉生産地。緑豊かな山あいの地域で育てられている。

氷見牛上焼肉定食
2200円
（日曜・祝日は除く）
リンゴジュースの搾りかすやオカラをエサに混ぜているため、肉の甘みがひと味違う

氷見タウン郊外
うどんちゃや かいづや

うどん茶屋 海津屋

手延べ・手打ちの奥深い味

製造元直営店が提供する「氷見うどん」。カツオと昆布のだしが利いた自家製ツユをまとった、透明感抜群のモチモチの麺がツルンと喉を駆け抜ける。サックリ揚がった天ぷらも必食だ。

☎0766-92-7878 **住**氷見市上泉20氷見うどん海津屋敷地内 **時**11～15時 **休**木曜 **P**20台 **交**JR氷見駅から加越能バス高岡駅方面行きで5分、柳田口下車、徒歩5分 **MAP**折込裏C2

名物はコレ！

氷見うどん
能登で生まれた麺作りの技法を生かして作られる。コシが強くのど越しがよい。

海老天ぷら
ざるうどん
1310円
細めの氷見うどんはモチモチ食感でコシがありのど越しも抜群。天ぷらとの相性もよい

宿に泊まって氷見のグルメを満喫するなら　コチラへ

氷見タウン郊外
うみとゆとやどら・せりおーる

海と湯と宿 ラ・セリオール

オーシャンビューの絶景宿

波打ち際に立ち、目の前に広がる富山湾のパノラマが見事。なかでも海に手が届きそうな露天風呂は爽快。夕食は氷見の新鮮魚介や氷見うどんなどが並ぶ。ランチのみの利用もできる。

☎0766-74-7111 **住**氷見市泊1720 **¥**1泊2食付1万5000円～ **時**IN16時、OUT10時 **交**JR氷見駅から加越能バス灘浦海岸・脇行きで15分、泊下車、徒歩1分 **P**15台 **MAP**折込裏C1 **室**10室（露天風呂付1室）●2011年開業 ●風呂：内湯2 露天2 貸切2（大浴場を貸切利用、1時間3300円、要予約）●立ち寄り湯：**¥**440円 **時**11～16時 最終受付 **休**不定休

①富山湾を望む露天風呂が自慢。天気次第では立山連峰を望む
②春のホタルイカ、冬の寒ブリや紅ズワイガニなど、食事は四季に応じて富山の旬の味覚を提供する

氷見市北部に広がる氷見温泉郷には20軒ほどの宿が点在し、温泉と富山湾の幸を生かした料理で宿泊客をもてなしてくれます。

富山屈指の人気ベイエリア
水門の街・新湊をおさんぽ

新湊はかつて、北前船で栄えたころの面影を残す海沿いの街。
風情あふれる港町を見学し、新湊漁港で水揚げされた新鮮魚介を満喫しましょう。

4～11月にかけて年10回、帆を
すべて広げる総帆展帆が行われる
（スケジュールはHPで要確認）

① 海王丸パーク
かいおうまるぱーく

**世界を魅了した帆船が停まる
伏木富山港を散策**

平成30年（2018）7月に「ふね遺産」に
認定された帆船海王丸が係留されてい
る公園。世界各国の帆船を100分の1
スケールで展示する日本海交流センター、
野鳥観察ができる海王バードパークの
ほか、富山湾を一望できる展望広場な
どもある。

▲日没～22時に毎日ライトアップ

☎0766-82-5181（伏木富山港・
海王丸財団）🏠射水市海王町8
⏰💰🈺園内自由（各施設により異な
る）🚉万葉線海王丸駅から徒歩10
分 🅿600台 MAP P61C4

船内を見学しよう

帆船海王丸
はんせんかいおうまる

約60年間、商船学校の海洋実習船として活躍
した帆船。現在は保存公開され、内部見学が
可能。 DATA 💰乗船400円 ⏰9時30分～17時
（7月中旬～8月は～18時、11～2月は～16時30分、
乗船は終了30分
前まで）🈺水曜
（祝日の場合は翌
日）、船体整備期
間（年2回） MAP
P61C4

▶計器類が並ぶ前
部航海船橋

MAP P61C4 / MAP P61C4

おすすめコース

Start
万葉線海王丸駅
↓徒歩10分
① 海王丸パーク
↓徒歩10分
② 新湊きっときと市場
↓徒歩20分
③ 川の駅新湊
↓徒歩3分
④ 番屋カフェ
↓徒歩5分
Goal
万葉線新町口駅

元気がもらえる 富山で話題の パワースポット

「光山寺（新湊大仏と千体佛の寺）」では、土蔵造りの仏堂に、天和2年（1682）に建立された新湊大仏と3000体を超える仏像が祀られている。大仏の光背に十二光仏や九品（くほん）の弥陀（みだ）が安置されており、荘厳な雰囲気が漂う。
☎0766-82-5072 **MAP** P61B4

2
しんみなときっときといちば
新湊きっときと市場

漁港直送。海の幸はここにおまかせ

隣接する新湊漁港で水揚げされた新鮮な魚介が揃う名物スポットで、海鮮市場を中心に、浜焼きコーナーや飲食スペース、特産品の販売コーナーなどを設けている。1日2回行われるセリも見学しておきたい（☞P59）。

☎0766-84-1233 **住**射水市海王町1 **◐**9〜17時（季節により変動あり）**休**無休 **交**万葉線東新湊駅から徒歩5分 **P**470台 **MAP** P61B4

◀白エビが入ったクリームに、揚げた白エビをトッピングした海鮮ソフトは、おみやげコーナーで

▲きっときと亭（◐11〜16時）の海鮮丼3300円。味噌汁、小鉢、漬物付き

▲海鮮問屋 魚新では、魚を刺身にしてもらい、その場で食べられる。おみやげを買って宅配便を利用するのもよい

3
かわのえきしんみなと
川の駅新湊

新湊を知るための便利拠点

観光案内や射水市の特産品を集めたショップ、白エビメニューを楽しめるカフェなどがある。新湊曳山まつりの曳山1基を常設展示するほか、レンタサイクルもあり、内川周辺の散策に便利。遊覧船の乗下船も可能。

☎0766-30-2552 **住**射水市立町1-26 **◐**9〜21時 **休**第4水曜、カフェは毎週水曜（祝日の場合は翌日）**交**万葉線新町口駅から徒歩8分 **P**19台 **MAP** P61B4

▲内川沿いにあり遊覧船の乗り場もある

▶新湊曳山まつりの曳山。祭りは毎年10月1日に行われる

4
ばんやかふぇ
番屋カフェ

歴史を感じる隠れ家カフェ

北前船の歴史を感じさせる廻船問屋・旧渡辺家の建物を利用したカフェで、映画『人生の約束』のロケ地として知られる。地元菓子店のケーキや和菓子などがあり、コーヒーは400円。ランチには満腹ランチ850円が人気。

☎0766-75-7477 **住**射水市放生津町17-5 **◐**9〜17時 **休**水曜 **交**万葉線新町口駅から徒歩5分 **P**なし **MAP** P61A4

▲デザートのワッフル（ドリンク付き）950円。店内から内川の風景が見渡せる

遊覧船に乗って港町を巡る

しんみなとかんこうせん
新湊観光船

市街地を流れる全長約3kmの内川。河畔には古い家屋が並び、15本の橋が架かる。海王丸パークの岸壁から出ている遊覧船で周遊してみたい。**DATA** ☎0766-82-1830 **住**射水市海王町2（海王丸パーク内遊覧船乗船口）**¥**内川遊覧コース1500円（所要50分）**◐**9〜16時、1日8便（季節により異なる）**休**水曜（祝日の場合は営業）**MAP** P61C4

▲遊覧船から個性的な橋を眺めるのも一興

📖 新湊かまぼこ工場に併設された夢テラス海王（**MAP** P61C4）では、富山名物のかまぼこを販売。彩りも美しく、みやげにも大人気です。

新湊の割烹で
憧れの紅ズワイガニに舌鼓！

深海にすみ、9〜5月に漁期を迎える、富山を代表する味覚・紅ズワイガニ。
肉厚な身の甘さと濃厚なカニみそ、料理人の技が織りなす至極の逸品をぜひ。

新湊産のカニコース
（11〜3月）
1万6500円〜
人数や希望に応じて、刺身や焼きガニ、しゃぶしゃぶなどで楽しむことができる

新町口駅
かっぽう かわぐち
割烹 かわぐち

港で直接セリ落とした
とびっきりのカニを味わう

カニの目利きには絶対の自信があり、質・量ともに最上のものを揃える。店内の水槽には生きた紅ズワイガニとズワイガニがぎっしりと入り、秋〜春にかけてカニのコース料理を提供。

☎0766-84-1331 🏠射水市中央町19-31 🕐11時30分〜14時LO、17時30分〜21時LO 🈺月曜（祝日の場合は翌日）🅿20台 🚉万葉線新町口駅からすぐ **MAP** P61A4
◆予算目安
昼1名2000円〜 夜1名6000円〜

◀富山県外から毎年このカニを食べにくる客も多い

- -

新町口駅
かっぽう おきな
割烹 翁

主人厳選のカニと
日本酒を楽しむ大人の店

新湊の冬の味覚は紅ズワイガニをはじめとしたカニ料理。なかでも、寒い日に味わいたいのはやはり鍋料理。こちらでは、新湊漁港の昼セリでご主人自らが仕入れる新鮮なカニを使用した「カニ鍋」が味わえる。こだわりの日本酒とともに楽しみたい。

▲カウンターのほか、テーブル席、座敷もある。ベニズワイガニは9月2日から3月31日までの提供

☎0766-84-3578 🏠射水市中央町17-14 🕐17〜21時LO 🈺日曜（予約により営業）🅿5台 🚉万葉線新町口駅から徒歩3分 **MAP** P61A4
◆予算目安 夜1名6000円〜

**ベニズワイガニの
カニ三昧コース**
9350円 ※要予約
濃厚なカニみそ、焼きガニ、お造りなど多彩に味わえる。カニは1パイ3800円ほど〜

朝夕2回のセリで
買い付けた魚を
富山湾鮨で

「寿司竹」では、市場でセリに参加できる買参権をもつ主人が、新湊の朝夕2回のセリで買い付けた魚介が味わえる。富山湾鮨2750円をはじめ、シロエビなどの昆布じめなどの一品料理も豊富。
☎0766-82-3329 **MAP** P61B4

新町口駅

かっぽう まつやま
割烹 松山

甘みが強いカニ身を
ゆで姿と甲羅揚げで

仲買人とセリに同行できる許可をもつ主人は、新湊漁港で自分の目で確かめて仕入れを行う。新鮮かつ良質な鮮魚が揃い、大阪や金沢で学んだ料理の腕を存分に生かしている。酒の肴になる一品料理も豊富だ。

☎0766-82-4100 🏠射水市立町2-37 ⏰11時30分〜14時、17〜21時LO 🈲水曜（予約があれば営業）🅿7台 🚃万葉線新町口駅から徒歩6分 **MAP** P61B4

◆予算目安
昼1名2000円〜 夜1名3000円〜

▶春〜夏にかけては、白エビや戻りフグ料理などを提供

紅ズワイガニ御膳
7700円 ※要予約
9〜4月限定。どーんとゆで姿のカニが1パイと甲羅揚やカニ団子せいろ、カニ焼鍋ご飯などが付いてくる

▶カニ甲羅揚1000円。オリジナルのカニ甲羅揚（美味ソースあんかけ）は単品もある（左）。新湊漁港は魚の種類も豊富でその味を求めてカウンター席も賑やかに（右）

カニシーズンなら昼セリの見学にも注目

新湊きっときと市場（☞P57）隣の新湊漁港では、漁場と漁港が近いため、1日2回セリが行われる。昼セリを見学できるのは全国でもここだけ。
☎0766-84-1233（新湊きっときと市場）💴見学無料（9〜5月は100円）⏰昼セリ12時30分〜（要予約）🈲日曜（紅ズワイガニ漁は日・水曜）、悪天候時 **MAP** P61B4

昼セリ見学の流れ

12:00 **新湊きっときと市場内集合**
↓ 漁港まで各自で移動
（徒歩約5分）

12:30 **昼セリ見学（約30分）**
↓ 2階の見学通路から見学

13:00 **自由解散**

▶カニのじゅうたんを敷き詰めたような光景！

 富山県内の漁業者が水揚げした紅ズワイガニは、「高志（こし）の紅（あか）ガニ」として、ブランド化されています。

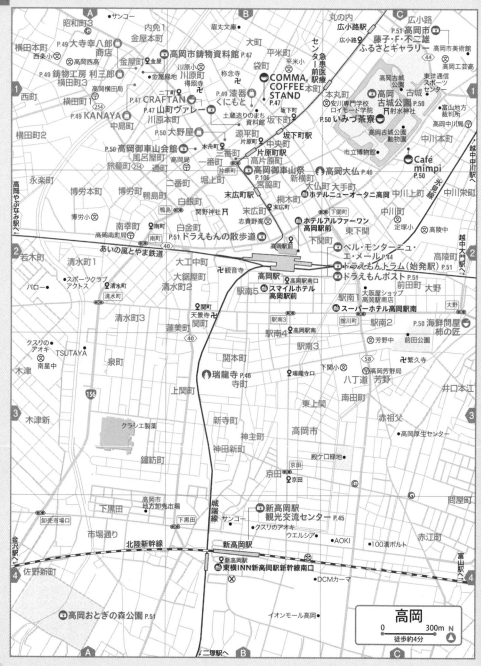

灘浦へ↑

P.53 高澤酒造店
氷見
北大町局
ひみ 道の駅 氷見温泉郷総湯 P.53
氷見漁港場外市場 ひみ番屋街 P.52
浜焼き屋台かぶすや P.52
洋食屋ハロー P.52
氷見前寿し P.53
きときと亭 三喜 P.53
ヴィヴァーチェ P.52
三権商店 ひみ番屋街店 P.53
つりや ひみ番屋街店 P.52

加納
諏訪野
303
加納
ムサシ
プラファ
鳳谷院町
しまむら
比美乃江小
北大町

373
北大町
唐島荘ユースホステル

北の橋
(藤子Ⓐキャラクターブリッジ)
中央町
中央町
氷見漁港前
氷見漁港
氷見魚市場食堂 P.54
氷見沖クルージング P.44

サンコー
160
大町新
いきいき元気館
クスリのアオキ
302

DCMカーマ
鞍川
幸町北

氷見営業所
415
幸町西
氷見中央
氷見市潮風ギャラリー
(藤子不二雄Ⓐアートコレクション) P.45

氷見ICへ↓
氷見市役所前
氷見市役所前
312
幸町
ハッピータウン
P.54 松葉寿司
丸の内
比美町
比美町
ばんや料理 ひみ浜 P.54

氷見市役所
高岡厚生センター支所
忍者ハットリくん
カラクリ時計

有磯海

朝日山公園
南大町
味わいのホテル信貴館
氷見本町

氷見高
氷見市
市立博物館
朝日本町
本町
南大町口
地蔵町

ふれあい
スポーツセンター
415

ふれあいの森
南部中口
朝日丘小学校口
釣賀書店

氷見駅

朝日丘小
南部中
氷見市農業会館前
伊勢大町
伊勢大町
氷見駅口 氷見駅前
氷見駅口

氷見
0　　　300m　N
徒歩約4分
伊勢大町2
朝日丘
氷見牛専門店 たなか P.55
朝日丘
ハローワーク
十二町
朝日丘
76
八幡橋

氷見線

雨晴駅へ↓

本町1
本町2
気比住吉神社前
本町3
クロスベイ新湊
放生津町
番屋カフェ P.57
川の駅新湊 P.57
割烹 松山 P.59

射水市
415
新湊高
西新湊駅
西新湊
万葉線
新湊署
立町
放生津八幡宮前
放生津八幡宮
八幡町1
光明寺口
八幡町2

富山湾

海王バードパーク
海王町
新湊きっときと市場 P.57・59
きときと
市場前
P.57 新湊観光船
海王町
海王丸
パーク P.56
帆船
海王丸 P.56

下牧野
高周波文化ホール
三日曽根公園
新町口駅
割烹 翁 P.58
三日曽根
新湊小
光山寺
曼陀羅寺
八幡町3
荒屋神社
(新湊大仏と千体佛の寺) P.57
越の潟町
夢テラス
海王 P.57

新湊
0　　　300m　N
徒歩約4分
文苑堂書店
寿司竹 P.59
中新湊
新湊中
新湊中
川口緑地
東新湊駅
海王丸駅
新湊大橋
西浜

牧野小
姫野
中新湊駅
割烹 かわぐち P.58
放生津小
一の丸町
二の丸町

高岡市
日本
高周波鋼業
富山新港
多目的国際ターミナル
越ノ潟駅

雄大なチューリップ畑と田園風景。砺波の2大絶景スポットに感動

一面に広がるカラフルなチューリップに、田んぼに点在する家屋と屋敷林。
先人から受け継がれてきた、富山県を代表する絶景を見に行きましょう。

✚ 砺波（となみ）って こんなところ

農村景観とチューリップで名を馳せる

背の高い屋敷林に囲まれた民家が広大な農地の中に点在し、「散居村」とよばれる独特の風景が広がる。チューリップの球根栽培面積は日本一で、春に開催されるチューリップフェアは、春の訪れを喜ぶ随一のイベントだ。

問合せ 砺波市観光協会☎0763-33-7666
アクセス 高岡駅からJR城端線で約22分、砺波駅下車 広域MAP 折込裏C3

見事な色とりどりのチューリップ！

砺波チューリップ公園（となみちゅーりっぷこうえん）

四季折々の花を楽しむ憩いの場所

砺波市特産のチューリップをテーマにした公園。「となみチューリップフェア」や「KIRAKIRA ミッション」などさまざまなイベントが開催される。2021年11月には新たに円形花壇が登場した。

☎0763-33-7716（チューリップ四季彩館）住砺波市花園町1-32 ¥休入園自由（となみチューリップフェア開催期間を除く）交JR砺波駅から徒歩15分 P150台（となみチューリップフェア開催期間は3400台）MAP P63A1

▲直径27mの円形花壇。3万本のチューリップで星型が浮かび上がる（イメージ図）

☆彡☆☆☆ 絶景スポットをもっと知る ☆☆☆彡☆

チューリップ四季彩館（ちゅーりっぷしきさいかん）

一年中楽しめる公園近隣スポット

四季折々の花々と、一年中チューリップが観賞できるほか、チューリップ栽培の歴史や文化なども紹介。チューリップグッズや、ちゅーりっぷソフト380円などスイーツも販売している。DATA ☎0763-33-7716 住砺波市中村100-1 ¥入館310円（フェア期間中は入場料に含まれる）⏰9～18時 休展示入れ替え日など 交JR砺波駅から徒歩15分 P80台 MAP P63A1

チューリップフェアへおでかけ!

毎年4月下旬～ GWにかけて開催される「となみチューリップフェア」（2022年は4月22日～5月5日）は、国内最大級のチューリップフェア。チューリップ公園をメイン会場にして、大迫力の地上絵や花の大谷、水上花壇など趣向を凝らした展示があり、およそ300品種300万本が咲き揃う。

☎0763-33-7716（チューリップ四季彩館）住砺波市花園町（砺波チューリップ公園および近隣施設）¥入場1300円（小・中学生200円 ※5月5日は小・中学生無料）⏰8時30分～17時30分 休期間中無休 交JR砺波駅から徒歩15分（JR利用者は特典あり）※開催期間中は無料シャトルバス運行 P3400台（500円）MAP P63A1

チューリップタワーと大花壇

▲高さ26mのタワーからは大花壇に描かれた見事な地上絵を一望できる。毎年人気No.1のスポット。立山連峰も見られるかも！

水上花壇

▲砺波で生まれた独自の技術を使った、水面に花が浮かんでいる水耕栽培の"浮き島"。チューリップが水面に映る姿がステキだ

遊覧船に乗って四季折々の峡谷美を堪能する

砺波市を流れる庄川を上っていくと、「庄川峡湖上遊覧船」の乗り場がある。船でしかアクセスできない大牧温泉観光旅館への往復約1時間の定期航路と、一周25分の気軽なショートコースを用意。
☎0763-82-0220 **MAP**折込裏C4

砺波の名物が食べたい

▲砺波平野の散居村の中にある

▲恋茜2750円。細く長い麺がくるくる巻かれた、丸まげ状の形が特徴の大門そうめんのほか、根菜いとこ煮などの郷土料理が並ぶ

のうかれすとらん おおかど
農家レストラン 大門

砺波平野の魅力を発信するレストラン。伝統家屋の威風堂々とした東建ち（あずまだち）で、砺波産の大門そうめん、タマネギ、庄川産のゆずなどを使った伝承料理が味わえる。器も年代物の漆器を使用。**DATA** ☎0763-33-0088 **住**砺波市大門165 **⏰**11～14時（夜は予約のみ17～22時）**休**無休 **交**JR砺波駅から徒歩25分 **P**25台 **MAP**折込裏C3

▲日本の農村の原風景ともいわれる。四季折々、時々刻々の表情を見せる

さんきょそんてんぼうひろば
散居村展望広場

絶景！砺波平野の散居村

カイニョとよばれる屋敷林に包まれた家々が、広々とした砺波平野に点々と散らばる独特の集落形態「散居村」を、標高約430mからパノラマで見晴らせるスポット。夕景が名高いが夜景も美しい。田んぼに水の張られた時期には水田に夕日が反射し美しさが際立つ。

☎0763-33-1111（砺波市役所商工観光課）**住**砺波市五谷160 **¥⏰休**見学自由（12～3月は積雪などのため通行止め）**交**JR砺波駅から車で20分 **P**10台 **MAP**折込裏C4

☆☆☆☆☆ 絶景スポットをもっと知る ☆☆☆☆☆

となみさんきょそんみゅーじあむ
となみ散居村ミュージアム

散居村の暮らしを体感できる

砺波平野の散居景観の保全や伝統文化の発信拠点。「情報館」「伝統館」「交流館」、国重文の「砺波の生活・生産用具」を展示する「民具館」からなり、昔の砺波の暮らしや散居村の歴史と今の姿を学べる。**DATA** ☎0763-34-7180 **住**砺波市太郎丸80 **¥**民具館のみ100円 **⏰**9～18時 **休**水曜、第3木曜（祝日の場合は開館）**交**JR砺波駅から徒歩25分 **P**44台 **MAP**P63A2

若鶴酒造 三郎丸蒸留所（**MAP** 折込裏C3）は、北陸唯一のウイスキー蒸留所。予約をすれば、ウイスキーの製造工程を見学できます。

越中の小京都とよばれる
ノスタルジックな城端の町へ

風情のある建物、石畳、細い路地や坂道の残る、古き良き城端の町。
町の人に長年愛されているお菓子屋さんや勇壮な曳山、絹織物に出合えます。

➕ 城端って
こんなところ

砺波平野南部に位置する小京都

城端別院善徳寺の門前町や城端絹の産地として栄えた町並みが残る。織物の小物やスイーツを巡る坂道散歩が楽しく、ユネスコ無形文化遺産に登録された城端曳山祭、アニメの題材にもなったむぎや踊りなど伝統の祭りも魅力的。

[問合せ] 南砺市観光協会城端観光案内所☎0763-62-1201 [アクセス] 高岡駅からJR城端線で約50分、城端駅下車 [広域MAP] 折込裏B4

「蔵回廊」の裏側には、ステキな小路が続く

▶ **まずはココへ**

じょうはなひきやまかいかん どぞうぐん「くらかいろう」
城端曳山会館 土蔵群「蔵回廊」

城端の歴史と文化を体感できる

彫刻・金箔・漆塗りの粋を極めた曳山や風流な庵屋台など実際に使われる曳山を展示し、城端曳山祭の様子も映像で紹介。棟続きの土蔵群「蔵回廊」は、豪商の4つの蔵を復元して回廊で結んだ資料館で、歴史資料・城端焼などを展示している。

☎0763-62-2165 住南砺市城端579-3 ¥入館520円 ⏰9〜17時 休無休 🚉JR城端駅から徒歩12分 🅿10台 MAP P65A2

1 祭りで実際に使用される絢爛豪華な曳山や庵屋台を展示 2 江戸時代の市井事や平安貴族の別荘の模型が施された庵屋台 3 明治時代に建てられた蔵の中に、城端の歴史や文化がわかる資料が見られる

じょうはなおりやかた
じょうはな織館

レトロな洋館で城端機文化にふれる

伝統の絹織物や機（はた）の文化を、手織り体験（所要約30分〜。要予約 ¥2000円〜※2022年5月現在休止中）を通じて楽しく学べる。オリジナルの手織り小物はかわいいのひと言。オリジナルブレンドのコーヒーが味わえるカフェスペースも併設する。

☎0763-62-8880 住南砺市城端648-1 ¥入館無料 ⏰10時〜17時30分（11〜3月は〜17時）休水曜（祝日の場合は開館）🚉JR城端駅から徒歩12分 🅿15台 MAP P65A2

1 一眼レフ用カメラストラップ5500円 2 建物は昭和初期に建てられた旧城端織物組合（国有形文化財）3 オリジナルの雑貨や城端絹製品などはおみやげにもよい

地元の味が詰まった おにぎりに舌鼓！

北陸自動車道城端SA内のハイウェイオアシス「ヨッテカーレ城端」では、地場にこだわったおみやげや野菜を販売している。「白エビからあげ」など地元の素材を使用したおにぎりは24種類もある。
☎0763-62-8888 **MAP** 折込裏B4

● ここも見学しましょ

城端別院 善徳寺
じょうはなべついん ぜんとくじ

法話を聴きに町の人たちが集う

真宗大谷派の古刹で、山門、本堂などほとんどの建造物が県指定文化財。収蔵する1万点以上の宝物は7月22日から1週間の「虫干法会」で公開されて解説や絵解きが行われる。

☎0763-62-0026 **住**南砺市城端405 **¥ ⏰ 休**参拝自由（院内拝観は400円、9～16時案内人付き）**交**JR城端駅から徒歩10分 **P**なし **MAP** P65A2

▶見事な彫刻に彩られた山門

松井機業 ショールーム
まついきぎょう しょーるーむ

繭の個性と技が生む「しけ絹」

2頭の蚕が1つの繭をつくったときに生まれる玉繭の個性を生かした「しけ絹」を織り続ける松井機業併設のショールーム。機音を響かせる工房をガラス越しに見つつ、光とともに独特の存在感を放つしけ絹の魅力を手に取って感じることができる。商品の購入も可能。

☎0763-62-1230 **住**南砺市城端3393 **¥**入館無料 **⏰**13～17時（作業工程の見学は要予約）**休**土・日曜 **交**JR城端駅から徒歩15分 **P**5台 **MAP** P65A2

▶玉繭の節が独特の表情を生み出すしけ絹。ストール2万2000円、祝儀袋1650円。富山市内のD&DEPARTMENT TOYAMA（→P23）でも購入可

● おみやげも買いましょ

田村萬盛堂
たむらまんせいどう

富山を代表する銘菓の数々

寛政年間（1789～1801）創業の老舗和菓子店。県指定天然記念物の石灰華をアーモンドとゴマで表現し焼き上げた「木の葉石」や、南砺市産米粉のみを使った「なんと！ん米ロール」など地域色満載の菓子が揃う。併設する「珈琲茶房 善哉」では和菓子作り体験もできる（要予約）。

☎0763-62-0124 **住**南砺市城端175 **⏰**9時～17時30分 **休**火・水曜 **交**JR城端駅から徒歩10分 **P**5台 **MAP** P65A2

なんと！ん米ロール 220～300円

はちみつや豆乳、抹茶のほか、季節限定の味など種類豊富。アソートボックスもあるので、食べ比べも楽しい。

▶併設する木型館では、店が保有している1200以上の菓子木型の一部を公開（**¥**220円 **⏰**10～16時 **休**火曜）

城端

福光IC方面へ / 城端線 / A
コメリ / 新高岡駅 / 城端駅
城端駅前
野田 / 北野
1 / ⑧富山 / 1
⚲ローソン角
⚲クスリのアオキ / 城端広小路
21 / 理休（北）
救急センター / 城端別院善徳寺
城端別院善徳寺 / 304
大谷派 / 砺波信金
城端 / 田村萬盛堂 P.65
城端駅前 / 城端別院善徳寺前
❸城端別院善徳寺 / 砺波信金
真覚寺 / 城端曳山会館前
2 / 龍勝寺 / 傳燈寺 / 善林寺 / 2
城端図書館 / じょうはな織館 P.64
P.64 城端曳山会館 / 理休
土蔵群「蔵回廊」 / 城端東部体育館
瑞泉寺 / 城端ゲートボール場
じょうはな庁 / 松井機業
城端市民センター / 五箇山方面へ / ショールーム P.65
A

0 150m N
徒歩約2分

📖 五箇山にも近い桜が池湖畔にある桜ヶ池クアガーデン（**MAP** 折込裏B4）で、オーベルジュやスパを利用するのもおすすめです。

高岡・氷見・新湊からひと足延ばして ● 越中の小京都とよばれるノスタルジックな城端の町へ

木彫りの街を歩いたら
楽しい彫刻に遭遇しました

江戸時代から続く彫刻の街・井波には、現在も200人を超す彫刻師が活動。
街なかにあるユニークな彫刻を歩きながら見つけましょう。

寺院の再興を機に 木彫りの街が誕生

中世の創建以来、北陸における浄土真宗の一大拠点だった井波別院瑞泉寺が、江戸中期に焼失。再建のために京都の御用彫刻師が派遣され、井波の大工に技を伝えたのが始まり。今も200人を超す彫刻師が活動するこの街では、マイスター制度が維持され、全国から集まった木彫を志す若者が、一流の彫刻師のもとで修業を続ける姿が見られる。通りに響くノミの音は「日本の音風景100選」にも認定された。

問合せ 南砺市観光協会井波観光案内所☎0763-82-2539 **アクセス** JR新高岡駅から加越能バス小牧行きで1時間、瑞泉寺前下車 **広域MAP** 折込裏C4

▲瑞泉寺の門前町で、彫刻工房が軒を連ねる八日町通りには、七福神の彫刻も見られる

▲制作はノミだけで行われ、職人は約200本のノミを使い分ける

井波彫刻始まりのお寺

しんしゅうおおたには（ひがしほんがんじ）いなみべついん ずいせんじ
真宗大谷派（東本願寺）
井波別院 瑞泉寺

北陸における浄土真宗の拠点として、中世に創建。本堂と太子堂は、北陸最大級の木造建造物で、山門、勅使門、太子堂を中心に井波彫刻で彩られている。毎年7月21〜29日は伝統行事「太子伝会」で賑わう。

DATA ☎0763-82-0004 **住**南砺市井波3050 **¥**拝観500円 **⏰**8時30分〜16時30分 **休**無休 **交**バス停瑞泉寺前から徒歩2分 **P**なし **MAP**折込裏C4

▶明治12年(1879)の大火で奇跡的に焼け残った山門。桜や藤が美しい

太子堂 A
本堂
井波別院
瑞泉寺
書院
ビックリするほど厚い石垣
山門 B
井波木彫工芸館
C よしむら
瑞泉寺前 D
八日町通り
まちの駅 よいとこ井波
木彫看板や標識が見られる石畳の道
城端へ
0　30m
交通広場駐車場・観光案内所 P
砺波 井波中央　福野へ

おもしろ彫刻をご紹介！

軒下でアニマルウォッチング

馬、クジャクなど動物づくし。なかには空想の動物も。精緻な彫刻ばかり。

A

青い瞳で目ヂカラ満点

瑞泉寺を焼き払った大火のとき、水を吹いて山門を守ったとされる伝説の龍。

B

からくり仕掛けの動く彫刻

ペダルを踏むと彫刻刀が動き、観音扉が開く。何が出てくるかはお楽しみ。

C

木彫りでできたバス停も？

見慣れたこの印も木彫りだとこんなに風流。待っている時間も木彫鑑賞！

D

昔懐かしい里山の自然と文化に感動。
世界文化遺産の五箇山・白川郷へ

深い山々に囲まれ、茅葺き屋根の合掌造り家屋が並ぶ風景を見ると、
まるで昔話の世界にやってきたかのような気分になります。
地場産食材を使った田舎料理を味わったり、生活の知恵を学んだり、
のんびりと癒やしのひとときを過ごしましょう。

これしよう！

飛騨の自然広がる白川郷を見渡す！

展望台から合掌造り集落を一望し、囲炉裏のある合掌造りの宿（☞P82）に泊まろう。

五箇山・白川郷はココにあります！

access

🚌 バス

高岡駅
🔽 世界遺産バス（加越能バス）1時間18分
相倉口
🔽 世界遺産バス（加越能バス）15分
菅沼
🔽 世界遺産バス（加越能バス）37分
白川郷バスターミナル

問合せ ☎0763-66-2468（五箇山総合案内所）
☎05769-6-1013（白川郷観光協会）
MAP P77・84

これしよう！

山と川が育んだ五箇山グルメを堪能！

のどかな集落を歩き、新鮮なイワナの握り寿司や滋味豊かな五箇山豆腐を味わおう（☞P72）。

世界遺産バスの利用が便利

高岡駅〜新高岡駅〜城端駅〜五箇山〜白川郷を結ぶ路線バス。みどころではアナウンスが、景色のよい場所はゆっくり走行するなどうれしいサービスも。フリーきっぷも多彩なので、旅の目的に合わせて利用したい。☎0766-21-0950（加越能バス乗車券センター）💴五箇山フリーきっぷ2500円、五箇山・白川郷フリーきっぷ3500円（いずれも2日間有効）。世界遺産1日周遊フリーきっぷ（白川郷〜相倉口間乗り降り自由）2600円。など

車で五箇山の合掌造り集落へ

集落内は一般車の乗り入れが禁止なので、集落入口にある駐車場（1回500円）に停めて、徒歩で集落へ。荷物を預けるための、コインロッカー200円も利用できる。

白川郷ではマイカーの自主規制を

環境保護と通行者の安全確保のため、9〜16時の間は、集落内への車両進入は控え、せせらぎ公園駐車場（8〜17時／200台／1日1000円）を利用しよう。混雑時は、みだしま公園臨時駐車場（120台／1日1000円）、寺尾臨時駐車場（600台／1日500円）も開設される。

庄川沿いに広がる世界遺産の合掌造り集落

五箇山・白川郷

ごかやま・しらかわごう

こんなところ

五箇山は、5つの谷に点在する合掌集落の総称。日本最古の民謡「こきりこ」や手漉き和紙など独自の文化が今も残っている。隣り合う岐阜県側に広がるのが大規模合掌集落がある白川郷。114棟の合掌家屋が立ち並ぶ風景は圧巻で、五箇山の2つの集落とともに世界遺産に登録されている。

五箇山総合案内所（ごかやまそうごうあんないじょ）

相倉・菅沼地区をはじめ、五箇山エリアの観光情報やマップが手に入る。宿泊の相談も可能。
☎0763-66-2468
MAP P77B2

白川郷観光協会（しらかわごうかんこうきょうかい）

白川郷バスターミナル内で、荻町集落の散策マップや白川郷周辺の観光情報が入手できる。
☎05769-6-1013（9～17時）　**MAP** P84B2

5 相倉合掌造り集落（☞P70）
6 茶店 まつや（☞P72）
3 菅沼合掌造り集落（☞P71）
4 五箇山民俗館（☞P74）
1 荻町合掌造り集落（☞P78）
2 合掌乃宿 孫右ヱ門（☞P82）

五箇山温泉
五箇山IC
東海北陸自動車道
富山県　南砺市
八幡宮
水無八幡宮
楮峠
ブナオ峠
桂湖
合掌大橋
大芦倉谷
人形山
岐阜県　白川村
利賀川ダム
牛首峠
白川郷観光協会
ホワイトロード
白山白川郷
蓮如岩
飛騨白山PA
白川村役場
白川郷IC
三方岩岳
明善寺
天生峠

五箇山・白川郷

0　3km　N

五箇山・白川郷おすすめコース

おすすめコースはぐるっと回って
1泊2日

まずは白川郷へ。合掌造り家屋の宿に泊まり、ひとけの少ない早朝の集落を散策したら、五箇山の2つの合掌造り集落へ向かおう。資料館や食事処で、五箇山文化を体験したい。

スタート　高岡駅
▶ バス2時間10分
1 荻町合掌造り集落　見学
▶ 徒歩すぐ
2 合掌乃宿 孫右ヱ門　宿泊
▶ 徒歩とバスで50分
3 菅沼合掌造り集落　見学
▶ 徒歩すぐ
4 五箇山民俗館　見学
▶ 徒歩とバスで30分
5 相倉合掌造り集落　見学
▶ 徒歩すぐ
6 茶店 まつや　食べる
▶ 徒歩とバスで1時間30分
ゴール　高岡駅

日本のふるさとに出合えます。
五箇山の2大合掌造り集落へ

豪雪地帯ならではの合掌造りの家々が身を寄せ合う五箇山。
田んぼのあぜ道や石垣など、のどかな山里の風景は初めて見るのに、どこか懐かしい。

合掌造りの家屋の多くは、江戸後期から明治期に建てられたもの

相倉合掌造り集落

昔話の舞台のような
山あいの隠れ里

20棟の合掌造りのほか、茅葺きの寺、原始合掌造りなど、多種多様な伝統家屋が立ち並ぶ五箇山最大の合掌集落。春の水田に映る逆さの合掌造り、純白の雪に覆われた三角屋根など四季折々に印象的な風景が広がる。

☎0763-66-2123 (世界遺産相倉合掌造り集落保存財団) 🏠南砺市相倉 🕐8時30分〜17時 🈳無休 🚌バス停相倉口から徒歩5分 🅿35台 (保存協力金として普通自動車1回500円) **MAP** P77B4

▲民宿 勇助(☞P75)では五箇山和紙や塩硝について学べる展示資料館もある

五箇山のキホン

五箇山ってどんなところ？

　富山県南部で岐阜県と隣接している南砺市内にあり、5つの谷の間に集落があることから五箇山とよばれるようになった。岐阜県の白川郷(☞P78)に比べ、こぢんまりしており、静かな雰囲気が魅力。江戸時代に養蚕・和紙製造が盛んに行われていたほか、塩硝(火薬の原料)の密造地としての歴史をもつ。

　ユネスコの世界文化遺産に登録されているのは、五箇山の相倉(あいのくら)と菅沼(すがぬま)の2つの合掌造り集落。大きな茅葺き屋根をもつ合掌造りは、主にこの2つのエリアに現存する。岐阜県の白川郷とともに平成7年(1995)12月9日に登録された。

五箇山のまわり方のコツは？

　五箇山は世界遺産の2大集落の距離が離れているほか、2大集落の間にもスポットが点在しているので車での移動が便利。相倉、菅沼いずれも集落入口にある駐車場に車を停め(1回500円)、観光は徒歩で。車以外の旅なら、高岡駅〜城端駅〜五箇山・白川郷を結ぶ世界遺産バスの利用が便利。

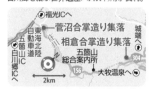

合掌造りって何？

　豪雪に耐えられるよう、急勾配の茅葺き・切妻屋根をもつ建築様式。江戸時代末期から明治時代に建造されたものが多く、古くは400年前のものもあるとされている。両手を合わせて合掌したときの形に似ていることからこの名がついた。

ライトアップされた
集落も見逃せない

相倉合掌造り集落では2・9・11月の年3回、菅沼合掌造り集落では2・3・5・6月などに幻想的なライトアップを、日没ごろから実施（月により中止の場合あり）。季節ごとに異なる趣を見せてくれる。

菅沼合掌造り集落
すがぬまがっしょうづくりしゅうらく

往時の面影を残す
小さな集落

庄川右岸に9棟の合掌造りをはじめ、土蔵や板倉などの伝統的な建物が点在し、小規模ながらも合掌造りの喫茶やみやげ店も。江戸時代、隔絶された地で駕籠を使って川を渡らなければならなかったため、秘境の雰囲気が残る。

☎0763-67-3008（菅沼世界遺産保存組合）📍南砺市菅沼 🕐8〜17時（入場は〜16時）12〜3月9〜16時（入場は〜15時30分）休無休 🚌バス停菅沼から徒歩3分 🅿30台（保存協力金として普通自動車1回500円）(MAP)P77A4

菅沼展望広場からの眺め。箱庭のようなたたずまいが広がる

▲雪に閉ざされ、静けさに包まれる冬に訪れるのも一興

合掌造り家屋はどんな構造？

内部は3〜4層建てで、断面は正三角形に近い。1階は居住と紙漉き、塩硝製造の作業場、上階は養蚕の作業場として使われた。釘を一切使わずに太い柱と梁を組み、荒縄、ネソ（マンサクの枝）で縛り上げた堅牢で柔軟な造りが特徴。

茅葺き屋根

雪を下ろしやすくするためや、雨水の水はけをよくするために、五箇山の合掌造りの屋根の角度は60度と急勾配。屋根の茅は約20年に一度葺き替えられる。

根曲がりの木

大きな屋根と雪の重みに耐えられる工夫として、根元が曲がった「チョンナ」とよばれる太い梁を用いて力を逃がしている。

オエ

囲炉裏のある広間。大家族が集う居間。釜や鍋を吊るすための自在鉤が下がる。囲炉裏の上部は竹を使ったスノコ天井。囲炉裏から上る熱気や煙を上層階へ通す。

アマ

屋根裏の空間のことで、かつては養蚕などの作業場などに使われた。最上階は「ソラアマ」とよばれる。

📖 五箇山は加賀藩の領地として、塩硝や和紙が生産されていました。なかでも五箇山和紙は今も伝統工芸として受け継がれています。

文化と歴史が受け継がれた 五箇山のグルメ&おみやげ

地元の素材をふんだんに使った郷土料理を味わった後は、
五箇山のオリジナルカルチャーが詰まったおみやげを選びましょう。

心と体を満たすグルメいろいろ

ちゃみせ まつや
茶店 まつや

**山あいでとれる食材中心の
郷土料理が揃う**

合掌家屋を用いた食事処。周辺で
とれる山菜を塩漬けや冷凍、乾燥
などで保存し、一年中山菜料理が
楽しめる。おすすめは、山菜そばや
五箇山豆腐、天ぷらなど、郷土の味
を盛り込んだまつや定食だ。

☎0763-66-2631 住南
砺市相倉445 ◯9～17時
(16時LO) 休無休 ℗相倉
共同駐車場利用(有料) 交
バス停相倉口から徒歩10分
MAP P77B4

まつや定食 2500円

▲山の素朴な味わいが心に染みる

あじどころ たかちよ
味処 髙千代

**臭みがないジビエ料理は
コクのあるうまさで評判**

国道156号沿い、看板にクマが描
かれた食事処。主人は元猟師でも
あり、自ら仕留めたジビエが好評だ。
名物のくま鍋やくまうどん、しか鍋、
いのしし丼、山菜定食など、野趣あ
ふれる料理が楽しめる。

☎0763-67-3118 住南砺
市小原697-3 ◯11～14時、
16時ごろ～20時LO 休不定
休 ℗20台 交JR城端駅か
ら世界遺産バス(加越能バス)
白川郷行きで35分、小原下車、
徒歩1分 MAP P77B2

**くま鍋 1800円 (右)
くまトロ 1500円 (左下)
きじ刺し 1000円 (左上)**

▲調理法もバリエーション豊富。クマやキジのほか珍しい山肉も用意

ごかやまじゅんさいこうぼういわな
五箇山旬菜工房いわな

**鮮度を保つことが難しい
いわなのにぎりは全国でも希少**

五箇山ICから車で5分の位置にあ
る食事処。イワナの養殖に成功した
店主親子が営み、酸味と甘みがほ
どよい看板メニュー・いわなのにぎ
りをはじめ、塩焼きや唐揚げなど多
彩な調理法で楽しめる。

☎0763-67-3267 住南砺
市西赤尾町72-1 道の駅 上平
さら館 ◯11～20時 休火曜
(祝日の場合は営業) ℗道の駅
上平 さら館駐車場利用 交JR
城端駅から世界遺産バス(加越
能バス)白川郷行きで45分、西
赤尾下車すぐ MAP P77A3

いわなの寿し膳 2750円

▲いわなのにぎりのほか、いわなの塩焼きや五箇山豆腐も味わえる

「五箇山とうふ工房
喜平商店」が作る
五箇山豆腐が
味わえる食事処

「石挽き手打ちそば・五箇山とうふ料理 拾遍舎」では、玄そばから挽いた香り高いそばと、五箇山豆腐を満喫できる。小揚げ豆腐付きざるそば1200円。五箇山豆腐の刺身400円、揚げ出しは500円。
☎0763-66-2744 MAP P77B2

伝統を感じるおみやげ いろいろ

相倉周辺
ごかやまわしのさと
五箇山和紙の里

**五箇山の伝統工芸品を
かわいい雑貨でお持ち帰り**

破れにくく、透かしの美しさに定評がある五箇山和紙は、江戸時代、加賀藩の御用達にもなった。施設では自社製品の和紙を使ったおみやげの購入や、はがき作り体験（3枚）800円（要事前予約）ができる。

☎0763-66-2223 住南砺市東中江215 道の駅 たいら ⏰9～17時 休無休 P70台 交JR城端駅から世界遺産バス（加越能バス）白川郷行きで28分、下梨下車、車で6分 MAP P77C1

マスクポーチ
1個2310円

▲和紙を使った軽くて丈夫なポーチ。小物入れにも重宝する

和紙ボタン（ヘアゴム）1個550円
和紙バッジ 1個380円

▲かわいらしいボタンとバッジ。フィルムコーティングされているものも

上梨
ごかやまとうふこうぼうきへいしょうてん
五箇山とうふ工房喜平商店

**昔ながらの手作り豆腐は
独特の固さが特徴**

五箇山豆腐の製造販売店。素材にこだわり、昔ながらの独自製法で作る五箇山豆腐は、重しをかけてしっかり水切りをするため、縄で縛っても崩れないほど固い。枕にしたなどその固さを伝える例え話も数多い。

☎0763-66-2234 住南砺市上梨608 ⏰7～20時 休不定休 P7台 交JR城端駅から世界遺産バス（加越能バス）白川郷行きで32分、上梨下車、徒歩2分 MAP P77B2

五箇山豆腐
1丁450円

▲水分が少なく、大豆のうま味が詰まっている。冷奴や煮物で味わって

いぶりとっぺ
1袋440円

▲五箇山豆腐の燻製。5～8mmにスライスして食べよう

相倉
おみやげ・おしょくじどころ あいくらや
おみやげ・お食事処 相倉屋

**漬物、お菓子から民芸品まで
五箇山名物がズラリ**

駐車場そばにある合掌造りのみやげ屋＆食事処。赤カブの漬物など特産品の品揃えが豊富で、おみやげ選びにぴったり。とち餅入りののぜんざい500円や、山菜蕎麦950円などの甘味や食事メニューもある。

☎0763-66-2815 住南砺市相倉710 ⏰9～16時 休無休 P相倉共同駐車場利用（有料）交バス停相倉口から徒歩5分 MAP P77B4

赤かぶら
小500円、大650円

▲赤かぶの酢漬けは、五箇山の冬の保存食として、食べられてきた

五箇山みそ
1kg710円

▲南砺市産の米と大豆で作られた味噌。素朴な味わいが好評

📖 五箇山旬菜工房いわなのある、道の駅 上平 ささら館で、五箇山豆腐、赤かぶ漬など五箇山みやげを買って帰るのもおすすめ。

ココにも行きたい

五箇山のおすすめスポット

西赤尾（菅沼周辺）

📷 くにしていじゅうようぶんかざい いわせけ
国指定重要文化財 岩瀬家

五箇山最大の規模を誇る合掌造り

江戸時代に五箇山で製造されていた塩硝を集め、加賀藩に納める「塩硝上煮役（えんしょうじょうにやく）」を務めた旧家。内部のケヤキ造りや書院造りの間は名家ならではの豪華なもの。囲炉裏端での説明もある。🅳🅰🆃🅰 ☎0763-67-3338 🏠南砺市西赤尾町857-1 ¥入館300円 🕘9〜17時（12〜3月は〜16時）※4〜11月は最終入館16時30分 🈂木曜（祝日の場合は開館）🚌JR城端駅から世界遺産バス（加越能バス）白川郷行きで44分、西赤尾下車、徒歩2分 🅿30台 🆅🅰🅿 P77A3

1700年代中ごろに5階建ての合掌造り家屋が建てられ、明治時代までは最大で35人が一緒に暮らしていたという

内部では屋根裏の見学もできるほか、おみやげコーナーも設けられている

上梨

📷 くにしていじゅうようぶんかざい
がっしょうづくりむらかみけ
国指定重要文化財 合掌造り村上家

五箇山の歴史を聞ける

約350年前に建てられたといわれる合掌造り。囲炉裏端では、当主から五箇山の暮らしの話やこきりこの唄を聞くことができる。🅳🅰🆃🅰 ☎0763-66-2711 🏠南砺市上梨725 ¥入館300円 🕘9〜16時（入館は〜15時40分）🈂火・水曜（祝日の場合は開館）、12月15日〜2月末日 🚌JR城端駅から世界遺産バス（加越能バス）白川郷行きで32分、上梨下車、徒歩1分 🅿共同駐車場利用30台 🆅🅰🅿 P77B2

相倉

📷 あいのくらでんとうさんぎょうかん
相倉伝統産業館

和紙や塩硝製造の貴重な資料を展示

明治時代に建てられた合掌造りの建物の中に、和紙生産に関する道具をはじめ、染紙、和紙工芸品、造花、祭り衣装などを展示。塩硝製造や養蚕の道具なども興味深い。🅳🅰🆃🅰 ☎0763-66-2080 🏠南砺市相倉204-2 ¥入館300円（南砺市立相倉民俗館との共通券500円）🕘8時30分〜17時 🈂不定休 🚌バス停相倉口から徒歩12分 🅿相倉共同駐車場利用（有料）🆅🅰🅿 P77B4 ※2022年5月現在休館中

菅沼

📷 ごかやまみんぞくかん
五箇山民俗館

山村生活の知恵に感心

五箇山に伝わる生活用具や衣類、養蚕や紙漉きに使う道具、庄川に架かっていた籠の渡しなど、約200点を展示。合掌造りの建物を利用しているため、急勾配の茅葺き屋根や太い梁、柱などの構造もよくわかる。🅳🅰🆃🅰 ☎0763-67-3652 🏠南砺市菅沼436 ¥入館210円（南砺市立塩硝の館との共通券300円）🕘9〜16時 🈂無休 🚌バス停菅沼から徒歩3分 🅿菅沼展望広場駐車場利用（有料）🆅🅰🅿 P77A4

相倉

🎵 ごかやまわしすきたいけんかん
五箇山和紙漉き体験館

世界でただひとつの和紙作り

築100年を超える相倉合掌造り交流館を活用した和紙漉き体験館。落ち葉を漉き込んだオリジナルデザインの和紙作りに挑戦できる。所要時間は約10分。和紙作り体験のほか、和紙製品も各種揃う。🅳🅰🆃🅰 ☎0763-66-2016（五箇山和紙）🏠南砺市相倉 ¥和紙漉き体験1枚700円 🕘9時〜16時30分 🈂12月1日〜4月中旬 🚌バス停相倉口から徒歩10分 🅿相倉共同駐車場利用（有料）🆅🅰🅿 P77B4

相倉

📷 なんとりつあいのくらみんぞくかん
南砺市立相倉民俗館

囲炉裏端で五箇山の映像を観る

生活用具や農具、合掌造りの模型などの展示を通し、五箇山の伝統的な暮らしを紹介している。生活用具から昔の生活にふれられるほか、五箇山相倉集落の四季を映した映像も観られる。🅳🅰🆃🅰 ☎0763-66-2732 🏠南砺市相倉352 ¥入館300円（相倉伝統産業館との共通券500円）🕘8時30分〜17時 🈂不定休 🚌バス停相倉口から徒歩11分 🅿相倉共同駐車場利用（有料）🆅🅰🅿 P77B4

菅沼

📷 なんとしりつえんしょうのやかた
南砺市立塩硝の館

火薬の原料となる塩硝作りを学ぶ

江戸時代、五箇山の主要産業だった塩硝作りの工程を展示。館内では、材料のヨモギや麻の採取、灰汁塩硝煮詰め、上煮塩硝作りなどの工程をジオラマや影絵で再現しているほか、火縄銃の体験も行う。🅳🅰🆃🅰 ☎0763-67-3262 🏠南砺市菅沼134 ¥入館210円（五箇山民俗館との共通券300円）🕘9〜16時 🈂無休 🚌バス停菅沼から徒歩2分 🅿菅沼展望広場駐車場利用（有料）🆅🅰🅿 P77A4

上梨

🎵 こきりこみんげい（ささらあみたいけん）
こきりこ民芸（ささら編体験）

舞踊楽器を作り、伝統にふれる

民謡『こきりこ節』で使う「ささら」が手作りできる（要予約1800円）。ほかにささらを編み、『こきりこ節』こきりこ踊りを学べ、衣装を着て記念撮影ができるコースもある。🅳🅰🆃🅰 ☎0763-66-2312（喜茶和でれこでれこでれこん体験室）🏠南砺市上梨741 ¥体験1800円〜 🕘9〜16時 🈂不定休 🚌JR城端駅から世界遺産バス（加越能バス）白川郷行きで32分、上梨下車、徒歩2分 🅿共同駐車場利用10台 🆅🅰🅿 P77B2

菅沼

🍵 土産・お休み処 あらい
みやげ・おやすみどころ あらい

五平餅の香ばしい匂いに誘われて

合掌造り集落を眺めながらゆっくり食事ができる。名物は、一本一本丁寧に焼かれた特製クルミ味噌の五平餅300円。白エビかき揚げそば880円や、素朴な風味と滋味いっぱいのとち餅のぜんざい550円なども人気。**DATA** ☎0763-67-3217 🏠南砺市菅沼503 ⏰9〜17時 🈳不定休 🚌バス停菅沼から徒歩3分 Ⓟ菅沼展望広場駐車場利用(有料) **MAP** P77A4

店内はテーブルが3つ用意されている

甘辛いタレの香ばしさが食欲をそそる五平餅

菅沼

☕ 茶房 掌
さぼう てのひら

合掌造り集落の景色を眺めつつ一服

かつての納屋を改築した、居心地のいいカフェ。店内は窓が大きく開放的。オリジナルブレンドの掌コーヒー500円や手作りデザートも味わえる。また、地酒を使った甘酒など期間限定メニューも見逃せない。**DATA** ☎0763-67-3066 🏠南砺市菅沼400 ⏰10〜17時(12月上旬〜3月は〜16時) 🈳火曜(祝日の場合は営業) 🚌バス停菅沼から徒歩4分 Ⓟ菅沼展望広場駐車場利用(有料) **MAP** P77A4

上梨

🍶 三笑楽酒造
さんしょうらくしゅぞう

米にこだわり、丁寧に醸す純米酒

創業130年以上の老舗酒造店。ブナの原生林から湧き出る天然地下水と酒造好適米の富山県産五百万石で仕込まれる酒は、上品でうま味のある味わい。三笑楽大吟醸1800㎖7095円、純米大吟醸1800㎖4235円。**DATA** ☎0763-66-2010 🏠南砺市上梨678 ⏰8〜17時 🈳土・日曜 🚌JR城端駅から世界遺産バス(加越能バス)白川郷行きで32分、上梨下車、徒歩3分 Ⓟなし **MAP** P77B2

下梨

🍩 羽馬製菓
はばせいか

40年以上地元で愛されるあんドーナツ

五箇山の定番おやつとして、地元で親しまれているベーカリー兼菓子店。自家製のあっさりとした餡を入れたあんドーナツ160円や餡入り丸もち餅6個入り700円など、故郷の香り高いユニークな菓子やパンが揃う。**DATA** ☎0763-66-2536 🏠南砺市下梨2096 ⏰8時〜17時30分 🈳不定休 🚌JR城端駅から世界遺産バス(加越能バス)白川郷行きで28分、下梨下車すぐ Ⓟ6台 **MAP** P77C1

上平細島(菅沼周辺)

♨ くろば温泉
くろばおんせん

ダム湖が一望できる絶景露天風呂

庄川に面し、美しいダム湖が一望できる露天風呂からは、四季折々の風情ある景色が楽しめる。温泉は湯冷めしにくい泉質。**DATA** ☎0763-67-3741 🏠南砺市上平細島1098 💴入浴大人600円、小・中学生300円 ⏰10〜21時(最終受付20時30分) 🈳火曜(祝日の場合は翌日) 🚌JR城端駅から世界遺産バス(加越能バス)白川郷行きで37分、上平細島下車、徒歩3分 Ⓟ50台 **MAP** P77A2

五箇山 ●五箇山のおすすめスポット

里山風景を眺めながらまったりできる宿へ

合掌造り家屋の宿で田舎暮らしを体験するか、温泉宿でくつろぐか、考えるのも楽しい。

相倉

民宿 勇助
みんしゅく ゆうすけ

世界遺産の合掌造り家屋に泊まる

明治元年(1868)創建の合掌造りの建物に宿泊できる、1日1組限定の民宿。五箇山の郷土料理や地酒も自慢だ。展示資料館も併設しており、五箇山和紙や塩硝について学べる。**DATA** ☎0763-66-2555 🏠南砺市相倉591 💴1泊2食付1万1000円〜(4名1室利用時) ⏰IN15時30分、OUT9時30分 🚌バス停相倉口から徒歩10分 ●送迎なし Ⓟ5台 ●全1室 **MAP** P77B4

囲炉裏を囲みながら山里の静かなひとときを過ごそう(上)、昭和42年(1967)から民宿業を始めた(下)

上梨周辺

静寂の宿 五箇山温泉 五箇山荘
せいじゃくのやど ごかやまおんせん ごかさんそう

相倉と菅沼の中間にあり、観光に便利

露天風呂付きの大浴場では、アルカリ性単純温泉に浸かれる。毎週木・金・日曜に行っている五箇山民謡の披露も好評だ。**DATA** ☎0763-66-2316 🏠南砺市田向333-1 💴1泊2食付1万2250円〜 ⏰IN15時、OUT10時 🚌JR城端駅から世界遺産バス(加越能バス)白川郷行きで32分、上梨下車、徒歩8分 ●バス停から無料送迎あり(3日前までに要予約) Ⓟ40台 ●全22室 **MAP** P77B2 ●風呂：内湯2 露天2 貸切0 ●立ち寄り湯：💴500円 ⏰13〜21時 🈳水曜10〜16時(祝日の場合は営業)

五箇山豆腐や山・里の幸を味わう夕食

9月に開催される祭りで民謡の宝庫・五箇山を知る

五箇山には30余りの民謡が生まれ、各地で大切に受け継がれてきました。
なかでも代表的な2つの民謡を見物して独特の文化を感じてみましょう。

こきりこ祭り
毎年 9月25・26日

Q 「こきりこ」って何？

A 上梨地区に約1400年前から伝わる、日本最古とされる古代民謡。「田楽」が由来とされ、五穀豊穣を祈り祝う神事芸能として上梨白山宮の祭礼で奉納されている。古式ゆかしい衣装の男性が古代楽器のささらを小気味よく打ち鳴らして舞う「ささら踊り」、女性が舞う「しで踊り」などを披露。哀愁を帯びた旋律と優雅な舞に魅了される。

Q どんな祭りなの？

A 南砺市の上梨白山宮境内で開催される秋祭り。舞殿での「こきりこ踊り」奉納の後、境内横のこきりこ館で見物客にも披露される。こきりこのほかにも、五箇山各地の民謡の数々を舞台で鑑賞できる。ステージ終了後にはやぐらが組まれ、見物客も一緒に輪になって舞う総踊りが行われて、祭りのフィナーレを賑やかに締めくくる。

☎0763-66-2468（五箇山総合案内所）🏠南砺市上梨白山宮境内 💴座席観覧券1000円 🕐12〜21時ごろ 🚌JR城端駅から世界遺産バス（加越能バス）白川郷行きで32分、上梨下車すぐ 🅿300台（無料）MAP P77B2

※2022年の開催は5月現在未定

 1「ささら踊り」では、108枚の檜板を紐でつないだ古代楽器「ささら」を鳴らす 2「しで踊り」は、2本の細い煤竹の「こきりこ」を手に女性が舞う

五箇山麦屋まつり
毎年 9月23日

Q 「麦屋節」って何？

A 五箇山各地に古くから伝わる民謡。由来には諸説あるが、平家の落人たちが五箇山地方に逃れて定住し、昔の栄華を偲んで農作業の合間に歌ったのが始まりという。紋付袴に白襷、腰に脇差という勇壮ないでたちの男性が菅笠を手にきびきびと舞い、平家にまつわる歌詞が唄われる。男性の笠踊りのほか、女性の手踊りもある。

 1きびきびとした動きで笠をくるくる回しながら舞う男性の笠踊り 2女性の手踊りはしなやかな手さばきの舞。速いテンポで舞う「早麦屋」などもある

Q どんな祭りなの？

A 下梨地主神社の境内で催される秋の収穫祭。9月23日の麦屋節の神社奉納の後、保存会による笠踊りを披露。こきりこや越中五箇山民謡などの民謡の舞台競演、参加自由の総踊りなども開催。

※2022年の開催は5月現在未定

☎0763-66-2468（五箇山総合案内所）🏠南砺市下梨地主神社境内 💴座席観覧券1000円 🕐10〜21時ごろ 🚌JR城端駅から世界遺産バス（加越能バス）白川郷行きで28分、下梨下車、徒歩1分 🅿200台（無料）MAP P77C1

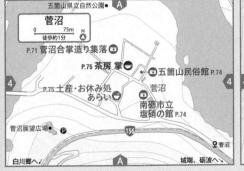

白川郷

合掌造り家屋が立ち並ぶ
日本の原風景・荻町を散策しましょう

明治時代、ドイツの著名な建築家、ブルーノ・タウトに絶賛された荻町集落。
合掌造り家屋が集まった集落を歩きながら、写真撮影を楽しみましょう。

1 展望台 てんぼうだい

高台から見渡す絶景に感動

集落を一望できるビュースポット。
城跡展望台は、室町時代にこの地
を治めていた内ヶ島為氏の家臣・
山下氏勝の住居跡で、広場には石
碑が立てられている。シャトルバス
の乗降所がある天守閣展望台側
には、食事処やトイレがある。

☎05769-6-1013（白川郷観光協会）住
岐阜県白川村荻町 ¥⏰休見学自由（冬
期は通行止めの場合あり）交シャトルバス
展望台からすぐ P10台 MAP P84C1

▶展望台か
らは遊歩道
を歩いて集
落に戻ろう

ココが
展望台！

▲ 目の前に広がる大パノラマ！ぜひ写真に収めておこう

おすすめコース

スタート 白川郷バスターミナル
↓ 徒歩2分
シャトルバス乗降所
↓ バス10分
1 展望台
↓ 徒歩15分
2 和田家
↓ 徒歩10分
3 明善寺
↓ 徒歩8分
4 であい橋
↓ 徒歩15分
ゴール 白川郷バスターミナル

2 和田家 わだけ

先人の知恵と工夫がいっぱい

江戸時代に名主や番所役人を務
めた名家で、身分の高い人物が使
う式台付きの玄関など、格式の高
さがうかがえる。築300年余とい
う建物は、国の重要文化財に指定
されており、白川郷では最大規模
を誇る。

☎05769-6-1058 住岐阜県白川村荻
町997 ¥入館400円 ⏰9～17時 休不
定休 交白川郷バスターミナルから徒歩3
分 Pなし MAP P84B2

▲ 3階建ての建物の1・2階部分が一般公開

展望台へは
シャトルバスで
向かおう！

集落内はアップダウンが少ないので徒歩でもOK
だが、展望台へはシャトルバスを利用すると便利。
料金は1回200円で現金払いのみの対応なので、
小銭を用意しておくと安心。10時～14時40分の間
（12時台は運休）、20分間隔で運行している。
MAP P84B2

▲ のどかな里山の景色を楽しんで。
冬は雪が深いので注意しよう

合掌造り家屋で
ひと休み
旧齋坂家住宅休憩所や
荻町公園休憩所「ゆるり」
は無料休憩所。白川郷の
紹介パネルや世界遺産
認定書のレプリカも展示。

金沢・富山方面
展望台 1
白川郷観光協会
白川郷
バスターミナル
9～16時は
マイカーの
通行自主規制あり
シャトルバス
乗降所
2 和田家
今藤商店
神田家
P83
喫茶 落人
長瀬家
旧齋坂家
住宅休憩所
荻町公園休憩所「ゆるり」
総合案内所であいの館 P
せせらぎ
公園
であい橋 4
★ 3 明善寺
野外博物館
合掌造り民家園 P83
白川郷八幡神社
N
200m
← 高山方面
かん町
白川郷田島家
養蚕展示館 P83

4 であい橋

清流・庄川を望む絶景スポット

庄川に架かる吊り橋で、せせらぎ公園駐車場と荻町
集落を結んでいる。新緑や紅葉など、いつ訪れても
すばらしい景観を楽しめる絶景スポット。人通りが
多いと橋が少し揺れ、ちょっぴりスリリングな気分に。
☎05769-6-1013（白川郷観光協会）住岐阜県白川村荻町
¥見学自由 交白川郷バスターミナルから徒歩15分 Pせ
せらぎ公園駐車場利用（1000円）**MAP** P84A3

3 明善寺

茅葺き屋根の鐘楼がフォトジェニック

延享5年（1748）創建と伝わる古寺。江
戸時代後期に数年の歳月をかけて建てら
れた本堂、郷土館として公開されている庫
裏ともに合掌造りとなっている。東通
りに面して立つ鐘楼は少し離れて田園風
景と撮影するのがおすすめ。
☎05769-6-1009 住岐阜県白川村荻町679
¥拝観400円（郷土館と共通）⏰10～16時（土・
日曜、祝日は9時～）休不定休 交白川郷バスターミ
ナルから徒歩10分 Pなし **MAP** P84B4

▶春には桜と鐘
楼のコラボを目
当てに、カメラを
持った観光客が
多く訪れる

＼ 立ち寄りグルメ ／

今藤商店

散策途中の休憩にぴったり

本通り沿いにあるみやげ店。どぶろく
風ソフトクリーム350円や飛騨牛入
りコロッケ280円など、テイクアウト
グルメが充実している。
☎05769-6-1041 住岐阜県白川村荻
町226 ⏰10～17時 休不定休 交白川
郷バスターミナルから徒歩8分 Pなし
MAP P84B3

▶白川村産の米
を使った「結おこ
し」540円はみ
やげにぴったり

◀飛騨牛入りコ
ロッケは衣がサ
クサクで2つ、3つ
と食べちゃいそう

喫茶 落人

合掌造りのカフェでひと息

合掌造り家屋を利用した店は、半地
下のような造りで、テーブル席と座
敷、囲炉裏端の席がある。コーヒー
500円、おかわり自由のぜんざい
700円などを提供。
☎090-5458-0418 住岐阜県白川村
荻町792 ⏰11時15分～16時 休不定休
交白川郷バスタ
ーミナルから徒
歩10分 Pなし
MAP P84B3

▶カレーにぜん
ざいとドリンクが
付いたセット
1300円

📖 展望台から見ると合掌造り家屋は、ほとんど同じ向きに立っているのがわかります。日当たりや風向きを考慮してのことです。

荻町の合掌造り家屋で
地元食材たっぷりのランチにほっこり

合掌造り家屋ならではの温かな雰囲気と山里の風情を感じながら、
飛騨牛やそば、朴葉味噌など飛騨・白川郷の郷土料理を味わいましょう。

そば わきもと
蕎麦 脇本

玄そばを石臼挽き
挽きたての風味豊かなそば

重厚な造りの合掌造り家屋が迎えてくれるそばの名店。殻付きのそばの実を毎日自家製粉し、白川郷の水で打つそばが評判だ。そばの香りが鼻先をくすぐる。うま味ある味わいのざる1000円、名物の自然薯とろろは1400円。

☎05769-6-1500 ⓣ岐阜県白川村荻町2476 ⓛ6〜17時（冬期8時〜）ⓗ不定休 ⓟ20台 ⓔ白川郷バスターミナルから徒歩15分 MAP P84A3

飛騨牛ミニステーキ丼
＋ざるそばセット **2500円**
そばと飛騨牛のサイコロステーキ丼が付き、両方味わえる最強セット。飛騨牛はA4〜A5等級の上質なものを厳選している。

▲大広間の座敷に座卓が並べてある広い店内。写真は囲炉裏の間

▶せせらぎ公園駐車場のそば。朝からの営業なので、混み合う週末や連休は早めに着いての朝食もいい（左）。岐阜県内産の自然薯を使ったとろろご飯とのセットもおすすめ（右）

はくすいえん
白水園

飛騨に伝わる郷土の味を
心を込めて提供する

飛騨の郷土料理、朴葉味噌や飛騨牛などが食べられる。自家製の味噌は少し甘めでコクがあり、朴葉で焼くと香ばしくご飯にぴったり。1日10食限定の飛騨牛石焼和膳3500円も人気。

☎05769-6-1200 ⓣ岐阜県白川村荻町354 ⓛ11時30分〜14時30分LO ⓗ不定休（土・日曜、祝日は営業）ⓟ5台 ⓔ白川郷バスターミナルから徒歩2分 MAP P84B2

▲古い合掌造り家屋を移築。大広間で食事ができる

▲展望台行きシャトルバス乗り場に隣接する合掌家屋

朴葉味噌和膳・飛騨牛 **1900円**
白川郷の定番料理。朴葉味噌とニジマス甘露煮、そばなどが付く定食。朴葉にのせて焼く味噌と飛騨牛は相性抜群。

素朴な郷土の味が楽しめる喫茶店

「喫茶 さとう」で提供されている、白川豆腐が入ったそばだんご汁1000円は、お吸い物風のやさしい味わい。自家製野菜や白川豆腐などを使った小鉢が付いてくる。
☎05769-6-1432 **MAP** P84B2

ますえん ぶんすけ
ます園 文助

清流が育む鮮度抜群の川魚を多彩な料理で味わう

敷地内の生け簀で養殖する川魚は、水温が一定に保たれているため、年間を通して質のよいものを提供できるのが自慢。イワナの骨酒は2合1650円～。ニジマスの刺身やイワナの塩焼各550円といった単品メニューも充実している。

☎05769-6-1268 **住**岐阜県白川村荻町1915 **時**9～20時LO(11～15時以外は要予約) **休**不定休 **P**8台 **交**白川郷バスターミナルから徒歩10分 **MAP**P84C1

▲中庭の生け簀に清水を引き込んで魚を放している

▲観光客の多い通りから少し離れた下ごそにある

ます園定食 2420円
川魚をさまざまな調理法で提供。ニジマスの刺身やイワナの塩焼、甘露煮や唐揚げなどを楽しめる。

山菜定食 1980円
山菜は時期により種類や調理法が変わるので、行ったときのお楽しみに。ほかにニジマスの甘露煮などが付く。

▲築150年以上の大きな建物。団体客の利用も多い

▲店内は座敷とテーブル席があり、全席禁煙

おしょくじどころ いろり
お食事処 いろり

地元の山菜を使った料理は食感や香りを楽しんで

地元でとれるタケノコやゼンマイ、ウド、キノコといった、山里ならではの素材を使い、煮物やおひたしなどで提供。大豆の風味豊かな白川郷名物「合掌どうふ」を鉄板で焼き、自家製のタレで味わう焼き豆腐定食1375円も人気がある。

☎05769-6-1737 **住**岐阜県白川村荻町374-1 **時**10～14時LO **休**不定休 **P**10台 **交**白川郷バスターミナルから徒歩2分 **MAP**P84B2

飛騨の郷土料理に不可欠な朴葉(ほおば)は飛騨の山林に多く自生。香りがよい青葉は抗菌作用があり、枯葉は火に比較的強いのが特徴。

合掌造りの宿に泊まって山里の暮らしを体験しましょう

見学するだけでは決してわからないのが、合掌造りの建物での暮らし。
実際に合掌造りの宿に泊まり、癒やしの時間を体験してみてはいかが？

宿泊のキホン

快適ステイのためのヒント

　合掌造りの宿では、基本的に隣室と襖一枚を隔てただけで、鍵のない客室に泊まるので、特に夜遅くは話し声に注意しましょう。バス・トイレは基本的に共同、かつアメニティ類も完備していないことが多いので、予約時に必ず確認を。また、季節によっては虫が出ることもあるので、心配な人は虫よけスプレーを用意していくと安心。

がっしょうのやど まごえもん

合掌乃宿 孫右ェ門

江戸時代後期に建てられた合掌造り家屋を利用。客室は庄川が本通りに面したタイプがあり、広さもさまざま。食事は30畳ほどある大広間でいただく。囲炉裏で焼いたイワナや女将さん手作りの煮物など、夕・朝食ともにボリューム満点。

☎05769-6-1167　住岐阜県白川村荻町360　⏰IN15時、OUT10時　白川郷バスターミナルから徒歩8分　Ｐ5台　室3室　MAP P84B3　江戸時代後期築　バス・トイレ共同

CHECK
✦1泊2食付料金✦
1万9800円～
（※1日3組限定、1組2部屋利用）

1 本通り側に面した客室は、障子を開けると長い縁側が
2 夕食の一例。鉄板で焼く飛騨牛や白川郷豆腐の田楽など
3 客室「萌木（もえぎ）」は窓の外に広がる庄川と緑が美しい
4 夕・朝食は大広間で宿泊客みんなでとる

庄川のせせらぎをBGMに癒やしのステイ

温かなもてなしと手作りの料理が評判

1 夕食では自家製味噌で味わう飛騨牛の陶板焼きや山菜料理が登場
2 歴史が感じられる客室で、心休まるひとときを

CHECK
✦1泊2食付料金✦
1万1000円～

いっちゃ

一茶

築200年以上の建物を利用した民宿。食事は素朴な味わいの山里料理で、ご飯はおかわり自由。朝食にはコーヒーを用意してくれる。時間があれば、ご主人か女将さんに屋根裏を案内してもらえる。

☎05769-6-1422　住岐阜県白川村荻町425　⏰IN14時、OUT10時　白川郷バスターミナルから徒歩10分　Ｐ7台　室4室　MAP P84B3　江戸時代築　バス・トイレ共同

　源泉かけ流し　　部屋食　エステあり　禁煙ルームあり　大浴場あり　ひとり宿泊OK

白川郷のおすすめスポット

荻町
やがいはくぶつかん がっしょうづくりみんかえん
野外博物館 合掌造り民家園

合掌造り家屋で田舎暮らしを学べる

岐阜県の重要文化財に指定されている9棟を含む、全25棟の合掌造りの古民家などを保存・公開。4月中旬～10月下旬には、わら細工作りやそば打ちなどの体験（要予約）もできる。**DATA** ☎05769-6-1231 住岐阜県白川村荻町2499 ¥入園600円 ⏰8時40分～17時（最終入園16時40分、季節により異なる）休12～3月の木曜（祝日の場合は前日）交白川郷バスターミナルから徒歩15分 Pなし **MAP** P84A4

荻町
きたのしょう
基太の庄

飛騨名物・朴葉味噌の定食が人気

築250年以上の大きな合掌造りの食事処。自家調合の朴葉味噌を使った飛騨牛味噌ステーキ定食2398円や、岩魚塩焼き定食1925円がおすすめ。**DATA** ☎05769-6-1506 住岐阜県白川村荻町2671-1 ⏰11～14時（日により異なる、要問合せ）休10月13～15日、12月下旬～1月中旬、ほか不定休 交白川郷バスターミナルから徒歩20分 P10台 **MAP** P84A4

荻町
えびすや
恵びす屋

白川郷みやげを買うならココで！

本通りにあるみやげ物店。ご主人と奥さんが人気商品や試食をすすめてくれる気さくな雰囲気が魅力。どぶろくや羊羹480円やオリジナルラベルのどぶろくにごり酒300㎖690円～など、地元の名産品からお菓子、工芸品まで品揃え充実。**DATA** ☎05769-6-1250 住岐阜県白川村荻町89-2 ⏰9時30分～16時30分 休不定休 交白川郷バスターミナルから徒歩10分 Pなし **MAP** P84B3

荻町
かんだけ
神田家

築200年以上の重厚な建物

江戸時代後期に建てられた家屋は内部を一部公開。囲炉裏の火の番をするための「火見窓」や、火薬の一種・焔硝（えんしょう）製造の跡が床下に残る。最上階の4階まで見学でき、養蚕が行われていた屋根裏部の構造を見ることもできる。**DATA** ☎05769-6-1072 住岐阜県白川村荻町796 ¥入館400円 ⏰9～17時 休水曜（祝日の場合は開館）交白川郷バスターミナルから徒歩6分 Pなし **MAP** P84B3

荻町
きっさ こんじゃく
喫茶 今昔

初午だんごでひと休み

であい橋（☞P79）の近くに位置する合掌造り家屋の軽食喫茶。人気は、かつて養蚕の豊作を祈って作られた初午だんごを使った料理。あずき汁、すまし汁、肉汁、きなこの4種類あり、いずれも600円で、素朴な味わいが人気。**DATA** ☎05769-6-1569 住岐阜県白川村荻町445 ⏰10～15時 休不定休 交白川郷バスターミナルから徒歩10分 Pなし **MAP** P84B3

荻町周辺
おんやど ゆいのしょう（きょうつりぞーと）
御宿 結の庄（共立リゾート）

白川村最大級の温泉ホテル

白川郷IC近くに立つ、天然温泉付きのホテル。合掌造りを模したエントランスを抜けると、木のぬくもりあふれるくつろぎの空間が広がる。天然温泉は開放的な大浴場のほか、2つの貸切風呂でも楽しめる。**DATA** ☎05769-6-2005 住岐阜県白川村飯島908-2 ¥1泊2食付2万1050円～ ⏰IN15時、OUT11時 休無休 交白川郷バスターミナルから無料シャトルバスで5分 P80台 66室 **MAP** 折込裏B6

白川郷
しらかわごうたじまけようさんてんじかん
白川郷田島家養蚕展示館

蚕の生態や養蚕の歴史を紹介する

こぢんまりとした建物は当時の一般的な農家の造りで、養蚕の道具などを展示。蚕の飼育を行うほか、群馬県富岡市の会社と共同開発した「白川郷シルク石鹼」ミニ450円～も販売している。**DATA** ☎090-2682-5281 住岐阜県白川村荻町2643-2 ¥入館300円 ⏰9時～16時30分（要事前連絡）休不定休（11月下旬～5月上旬は閉館）交白川郷バスターミナルから徒歩20分 Pなし **MAP** P84A4

荻町
ぶんかきっさ きょうしゅう
文化喫茶 郷愁

大人限定の静かなカフェで癒やされる

大きくとられた窓から明善寺（☞P79）の茅葺き屋根の鐘楼や田んぼを望む。靴を脱いで利用する店内は終日禁煙。メニューはコーヒーのみで、夏季はアイスコーヒーも用意している。**DATA** ☎05769-6-1912 住岐阜県白川村荻町107 ⏰9～16時（冬期は変動あり）休月・金曜（祝日の場合は営業）、冬期不定休 交白川郷バスターミナルから徒歩10分 Pなし **MAP** P84B3

---

column
ひと足延ばして平瀬温泉へ

1日3組限定の「白山荘」は、合掌造り家屋の宿。檜風呂と岩風呂で、源泉かけ流しの温泉が満喫できる。食事は川魚や自家製野菜を使った滋味深いメニューが揃う。**DATA** ☎05769-5-2114 住岐阜県白川村平瀬87 ¥1泊2食付9720円～ ⏰IN14時、OUT10時 交白川郷バスターミナルから車で15分 P4台 **MAP** 折込裏B6 ●3室 ●バス・トイレ共同 ●泉質：ナトリウム塩化物泉

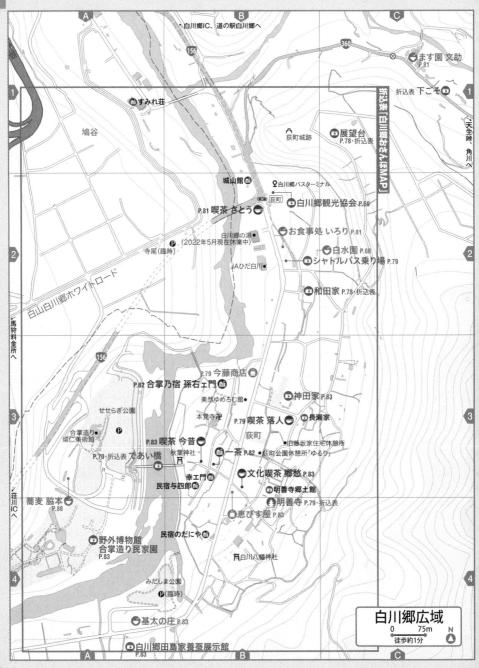

雲上に広がる立山黒部アルペンルートには、
無限大の感動が待っています

3000m級の山々が魅せる、世界有数の山岳観光ルートでは、
いろいろな乗り物を乗り継ぎながら、北アルプスを横断していきます。
黒部ダムの放水、ロープウェイから見渡す山々や湖は、まさに圧巻。
移動距離が長いので、雲上の宿に泊まって、じっくり観光しましょう。

これしよう！
移動の乗り物も絶景観賞タイム
乗り物の駅は途中下車して散策できるほか、展望台やテラス、おみやげ店など設備も充実している(☞P90)。

これしよう！
満天の星と日の出を見る！
室堂平、天狗平、弥陀ヶ原にある宿泊施設で、宿泊者だけが見られる景色を楽しもう！(☞P92)

立山黒部アルペンルートはココにあります！

access

🚃 鉄道

JR富山駅
↓ 徒歩5分
電鉄富山駅
↓ 富山地方鉄道立山線約1時間
立山駅

問合せ
☎076-481-1500
(富山県側：立山黒部総合案内センター)
☎0261-22-0804
(長野県側：くろよん総合予約センター)
MAP 折込裏F4~G4

立山黒部アルペンきっぷ
立山黒部アルペンルートが開通する4月15日から11月30日の間の連続した8日間利用でき、アルペンルートの乗り物と往復のJRきっぷをセットした割引きっぷ(利用不可の期間あり)。JR東海(名古屋地区・静岡・岐阜から)、JR西日本(京阪神地区・岡山・広島から)で発売予定。

時間と交通費はどの程度かかる？
立山駅～扇沢駅(長野県)間は、乗り物と徒歩で通り抜けるだけで約3～4時間。これに各エリアでの観光や食事を含めると最低でも5～6時間は必要だ。ハイキングも楽しむなら、山中の宿泊施設に1泊しよう。交通費は立山駅～扇沢駅の通り抜けはトータルで9300円。ルート途中で折り返す人向けの往復乗車券も揃っている。

ライブカメラで状況を確認
立山駅～黒部湖の各乗り物の乗車口にはライブカメラモニターが設置されており、アルペンルート内のみどころの様子を生中継している。次の便の出発時刻なども掲示されているので、移動のタイミングや滞在時間を決める際に参考にしよう。

北アルプスを横断する絶景の山岳観光ルート

立山黒部アルペンルート
たてやまくろべあるぺんるーと

こんなところ

標高3000m級の山々を貫く総延長37.2kmを、2つの出入り口で6つの乗り物がつないでいく異色の山岳観光ルート。日本一の高さを誇る黒部ダム、雄大な山岳風景が広がる黒部平、雲上テラスのある大観峰など絶景ポイントが目白押し。雲上の宿で1泊して、星空やご来光を見るのも魅力的。

～立山黒部アルペンルート　はやわかりMAP～

むろどうたーみなる
室堂ターミナル

立山黒部アルペンルートの最高地点で、一大観光拠点・室堂への玄関口。日本最高所の鉄道駅として知られている。ホテル立山が隣接するほか、レストラン、売店など駅舎内の施設がとにかく充実している。3階の屋上から室堂平へ出られる構造。
☎076-481-1500（立山黒部総合案内センター） **MAP** 折込裏G4

室堂平のハイキングは初心者もトライしやすい

室堂ターミナルを起点に遊歩道が整備されており、周囲約630mのみくりが池を周遊する一般的なコースなどを気軽に散策できる（☞折込表）。

広大な湿原・弥陀ヶ原
大日連山を望む広々とした湿原、豊かな生態系が守られている貴重な湿地として2012年にラムサール条約に登録された（☞折込表）。

1 弥陀ヶ原（☞折込表）

2 みくりが池（室堂）（☞折込表）

3 ホテル立山（室堂）（☞P92）

4 大観峰（☞P91）

5 黒部平（☞P90）

6 黒部ダム（黒部湖）（☞P88）

エリアと交通は折込表をCHECK!

立山黒部アルペンルート

立山黒部アルペンルートおすすめコース

おすすめコースはぐるっと回って
1泊2日

初日は立山駅～室堂ターミナルまで。人気のハイキングコースを歩こう。雲上の宿で一晩を過ごしたら、絶景のハイライトでもある黒部ダムへ。散策後、折り返して立山駅に戻る。

スタート	1 見学	2 見学	3 宿泊	4 見学	5 見学	6 見学	ゴール
立山駅	▶ 弥陀ヶ原	▶ みくりが池（室堂）	▶ ホテル立山（室堂）	▶ 大観峰	▶ 黒部平	▶ 黒部ダム（黒部湖）	▶ 立山駅
	ケーブルカーとバス40分	バスと徒歩約40分	徒歩10分	トロリーバス10分	ロープウェイ7分	ケーブルカー5分	ケーブルカーなど約2時間45分

日本一の高さを誇る黒部ダム！
迫力のある放水を見に展望台へ

黒部峡谷に大迫力の姿を見せるアーチ式の巨大ダム。堰堤の高さ186mは国内1位です。
観光放水を間近に望む展望台など、お楽しみもいろいろあります。

▲6月下旬〜10月中旬にかけて毎日行われる観光放水。毎秒10〜15tもの水が水煙を上げながら噴き出して落ちる（天候などにより中止の場合あり）

くろべだむ
黒部ダム

数々の絶景を生む巨大ダム

黒部川第四発電所、通称「くろよん」の名で親しまれる関西電力の水力発電用ダム。戦後の、高度経済成長期の電力不足解消を目的に、513億円（建設当時）もの工費、延べ1000万人もの人手をかけて建設された。年間発電量は約9億kWhで、これは一般家庭約25万戸分の発電量に相当する。

▲ダムえん堤には建設中に犠牲になった171名を弔う慰霊碑がある

☎0261-22-0804（くろよん総合予約センター）🚹🅿🈺4月15日〜11月30日散策自由（一部見学施設は7時30分〜17時、季節により変動あり）🚇立山駅から立山ケーブルカー、立山高原バス、立山トンネルトロリーバス、立山ロープウェイ、黒部ケーブルカーで約2時間30分、黒部湖駅下車すぐ（折込表）🆔折込裏G4

遊覧船で黒部湖を周遊♪

くろべこゆうらんせんがるべ
黒部湖遊覧船ガルベ

満水時の湖面の高さが標高（海抜）1448mに及ぶ日本最高所を航行する遊覧船で、黒部湖を約30分で周遊する。船室の天井が一部ガラス張りなので、船内からも北アルプスの山々を眺めることができる。

☎0261-22-0804（くろよん総合予約センター）🚹乗船1100円🕐6月1日〜11月10日10〜15時🈺荒天時🆔折込裏G4

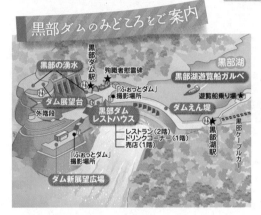

ダムをバックに記念写真を撮ろう!

ダム上とダム新展望広場の2カ所に設置されている「ふぉっとダム」は、黒部ダムを背景に自動で記念写真が撮影できるシステム。写真はA4サイズ(2つ折り台紙入り)1200円。写真の受け取り場所は黒部ダムレストハウス1階のドリンクコーナー。

黒部ダムのみどころをご案内

だむてんぼうだい
ダム展望台

標高1508m、ダム周辺で最も高い位置にある展望台で、黒部ダムの全景だけでなく立山連峰まで望むことができる。

🕐4月15日～11月30日7時30分～17時、11月4～30日8時30分～16時 🈲期間中無休

▲屋外階段からのスリリングな眺めにも注目

だむしんてんぼうひろば
ダム新展望広場

観光放水の迫力を最も近くで体感できる展望広場・レインボーテラス。放水の水しぶきを体感できることも。

🈯🕐🈲期間中見学自由

▲下からダムを見上げると、その大きさがよくわかる

だむえんてい
ダムえん堤

約2億㎥もの水をせき止める役割を担うアーチ型の堤防の真上が、黒部ダム駅と黒部湖駅を結ぶ遊歩道として整備。

🈯🕐🈲期間中見学自由

▲幅は8.1m、全長は492mあり、真下に観光放水を眺めることができる

くろべのゆうすい
黒部の湧水

掘削時に困難を極めた関電トンネルの破砕帯から湧き出る水。黒部ダム展望台、黒部ダムレストハウスの入口、黒部ダム駅から黒部ダム展望台に向かう地中階段の3カ所で飲むことができる。

🈯🕐🈲期間中見学自由

▲夏でも冷たく、ミネラルが豊富

くろべだむれすとはうす
黒部ダムレストハウス

ダム堰堤の黒部ダム駅側にあり、食事や買い物などが楽しめる黒部ダムの観光拠点。

☎080-2105-4886 🕐4月15日～11月30日9～16時(季節により変動あり) 🈲期間中無休

▲3階建ての建物に売店などが入る

ココCheck!🔍

1階 どりんくこーなー
ドリンクコーナー

モカソフトにチョコレートをかけたくろにょんソフト、木いちごソフトなどソフトクリームが充実。ふぉっとダムの受け取りコーナーが隣接。

▶幻の埋蔵金ソフトクリーム1000円

1階 ばいてん
売店

菓子や酒などの食品類をはじめ、黒部ダムレストハウスのオリジナルTシャツ2180円などここでしか手に入らない黒部ダム限定のみやげを豊富に取り揃える。

▶ヘルメット型の根付け1個410円

2階 れすとらん
レストラン

カレーのメニューが豊富。アルペンルート周辺のご当地グルメの黒部ダムカレー1100円は、ホウレンソウのペーストを入れたルーで黒部湖の色を、ご飯でダムを表現。🕐10～15時(変動あり)

▶カツは遊覧船をイメージ

立山黒部アルペンルート ●日本一の高さを誇る黒部ダム! 迫力のある放水を見に展望台へ

📖 建設にあたっては、地下水や土砂の流出などさまざまな困難に直面しましたが、着手から7年後の昭和38年(1963)にようやく完成。

立山ロープウェイが結ぶ
2つの駅で絶景観賞しましょう

動く展望台のような立山ロープウェイ（☞折込表）がつなぐ大観峰と黒部平。
立山連峰の美景が望める駅の展望スポットやイベントをチェックしておきましょう。

くろべだいらていえん
黒部平庭園

駅舎の前にある小さな庭園。一角には高山植物観察園もあり、約100種の高山植物が植えられている。
¥ 🕐 休 期間中散策自由

くろべだいらぱのらまてらす
黒部平パノラマテラス

駅舎の屋上に造られた展望台で椅子とテーブルが設置されている。
¥ 🕐 休 期間中散策自由

くろべだいらばいてん
黒部平売店

駅限定商品や、長野、富山の特産品を販売している。
☎ 076-463-5196 🕐 4月15日～11月下旬8～16時（予定） 休 期間中無休

1黒部平からロープウェイと大観峰駅を望む 2 7月～9月上旬は花の種類が豊富 3 ヨツバヒヨドリは8～9月が見頃 4 大観峰を背景に立山ロープウェイが迫ってくる様子を写真に収めることができる 5 各種みやげ物が並び、待ち時間に利用できる

標高1828m
くろべだいら
黒部平

立山連峰と後立山連峰を見上げる

黒部湖から延びる黒部ケーブルカーと、大観峰へ続く立山ロープウェイをつなぐ中継地点。富山側には立山連峰、長野側には後立山連峰がそびえる。駅前には黒部平庭園や高山植物観察園が広がり、高山植物を見学しながら散策が楽しめる。

☎ 076-481-1500（立山黒部総合案内センター） 🕐 立山ロープウェイと黒部ケーブルカーの始発～終発（HPで要確認） 休 期間中無休 🚌 立山駅から立山ケーブルカー、立山高原バス、立山トンネルトロリーバス、立山ロープウェイで約2時間、黒部平下車（☞折込表） MAP 折込裏G4

［地図］
大観峰へ↗
立山ロープウェイ
立山ロープウェイ改札口
黒部平
登山道タンボ平へ↗
黒部平パノラマテラス
水場
黒部ケーブルカー改札口
扇沢方面→
室堂方面→
屋上展望台へ
2階へ
黒部ケーブルカー
黒部湖駅へ
高山植物観察園
黒部峡谷石碑
1階 黒部平売店
そばコーナー
黒部平庭園

アルペンルートオリジナルの地ビール

立山トンネル掘削時に発見された断層破砕帯から噴出する地下水「立山玉殿の湧水」を使った地ビールはおみやげにもぴったり。立山地ビール 星の空 プレミアムは500円で、黒部平売店でも購入できる。

標高2316m

だいかんぼう
大観峰

断崖絶壁に立つ絶景の駅

立山連峰東壁の断崖絶壁に建てられた駅。眼下には広葉樹に覆われたタンボ平、正面には後立山連峰をはじめとする北アルプスの山々、その間にはエメラルドグリーンの黒部湖が一望できる。秋には錦のじゅうたんを敷き詰めたような紅葉が見事だ。

☎076-481-1500（立山黒部総合案内センター）⏰立山ロープウェイと立山トンネルトロリーバスの始発～終発（HPで要確認）🅱期間中無休 🚃立山駅から立山ケーブルカー、立山高原バス、立山トンネルトロリーバスで約1時間30分、大観峰下車（⇒折込表）🅼🅰🅿 折込裏G4

1 テラスから黒部湖とロープウェイを見下ろす **2** 椅子とテーブルが並んだテラス **3** 真下にはタンボ平が広がる **4** 2階テラスにある「雪のトンネル」（5月上旬～6月中旬）**5** 雲上テラスの巨大なかまくら「雪のポケット」（4月中旬～5月上旬）

だいかんぼううんじょうてらす
大観峰雲上テラス

後立山連峰やエメラルドグリーンの黒部湖を一望できる屋上の展望台。木製の椅子とテーブルが設置されており、ひと休みにも最適。

💴🕐🅱期間中散策自由

大観峰

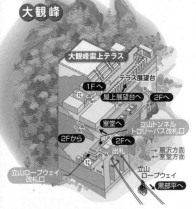

大観峰雲上テラス
- テラス展望台
- 1Fへ
- 屋上展望台へ
- 2Fへ
- 室堂へ
- 立山トンネルトロリーバス改札口
- 2Fから
- 2Fへ
- 出札
- 扇沢方面 室堂方面
- 立山ロープウェイ改札口
- 立山ロープウェイ
- 黒部平へ

ご来光を見に行こう

立山駅～扇沢を結ぶアルペンルートの公共交通機関は早朝は運行していないため、ご来光は山上に宿泊した客だけの楽しみの一つ。ホテル立山では、大観峰の展望台から後立山連峰から昇るご来光を眺めるバスツアー2200円を実施している（要予約、出発時間は季節により変動、大観峰が悪天候の場合は中止）。

📖 大観峰から立山トンネルトロリーバス（⇒折込表）に乗って10分ほどで、室堂ターミナル（⇒P87）に到着します。

立山黒部アルペンルート ● 立山ロープウェイが結ぶ2つの駅で絶景観賞しましょう

満天の星やご来光が見られる
雲上の宿に泊まりましょう

アルペンルートには山の上とは思えないほど、さまざまな宿泊施設があり、
山中に宿泊した人だけが楽しめる景色を堪能できます。

室堂平

ほてるたてやま
ホテル立山

（ホテル）

施設・サービス充実の
山岳リゾートホテル

アルペンルートの一大拠点である室堂ターミナルに直結した標高2450mにある日本最高所のリゾートホテル。条件がよければ夕日や満天の星、ご来光などの絶景や、ホテル宿泊者向けのさまざまなイベントが楽しめる。

☎076-463-3345 🚌室堂ターミナル直結 MAP折込裏G4 ●4月15日～11月29日営業（予定）🛏81室 ●昭和47年(1972) 開業 ●飲食：アルペンカレー1500円、水出しコーヒー800円など🕘9時30分～終了時間は要確認、休期間中無休 ●立ち寄り湯：なし

CHECK
✦1泊2食付料金✦
2万2000円～
✦時間✦
🕘IN15時、OUT10時

ここがポイントです！
賑やかな室堂バスターミナルから一歩館内に踏み入れると、クラシカルな雰囲気のロビーが広がる

1室堂平の中心に立つ、星に一番近いリゾートホテル 2客室の窓の外には立山の展望が広がる 3夕食は富山の山海の幸を取り入れた和食会席を堪能できる

CHECK
✦1泊2食付料金✦
1万3000円～
✦時間✦
🕘IN14時、OUT9時

ここがポイントです！
日本で一番高いところにある温泉と、みくりが池のすぐ近くというロケーション

室堂平

みくりがいけおんせん
みくりが池温泉

（温泉宿）

標高2410mの山上で
天然温泉を満喫できる宿

室堂平のシンボル、みくりが池のほとりに立つ。日本一高所に湧く源泉の地獄谷から引湯した温泉が自慢だ。客室は6畳の和室（個室利用の場合は早めに要予約）のほか、2段ベッドの相部屋がある（ひとり宿泊は相部屋のみ）。

☎076-463-1441 🚌室堂ターミナルから徒歩12分 MAP折込裏G4 ●4月15日～11月24日営業 🛏30室 ●昭和32年(1957)開業 ●飲食：ホットピザ850円レアチーズケーキ500円など🕘8時30分～16時30分 休6月20～30日 ●立ち寄り湯：¥800円🕘9～16時 休6月20～30日

1硫黄の香りがするやや白濁した湯 2夕食の一例。食事も手作りの味を心がけており、宿泊者に好評だ

室堂平

らいちょうおんせんらいちょうそう

らいちょう温泉
雷鳥荘

山小屋

立山の地熱で
ふんわり暖かいエコロッジ

地熱で暖房や給湯をまかなうエコな山小屋。大日連峰を一望できる乳白色の「らいちょう温泉」や、暖かい暖炉も人気。グゥグゥと歌う立山のアイドル、ライチョウが姿を現すことも。

☎076-463-1664 ◆室堂ターミナルから徒歩45分 MAP折込裏G4 ●4月15日～11月24日営業 ◆53室 ●昭和30年(1955)開業 ●飲食:カレー800円、生ビール800円など ◆6時30分～20時 ◆期間中無休 ●立ち寄り湯:◆800円 ◆11～20時 ◆期間中無休

CHECK
÷1泊2食付料金÷
1万500円～(相部屋)
÷時間÷
◆IN12時、OUT9時

1 モコモコ歩く神の使いライチョウと雷鳥荘 **2** 地獄谷から引かれた酸性・含鉄・硫黄-硫酸塩-塩化物泉と湧水を沸かした2つのお風呂がある

ここがポイントです!
1階にある展望大浴場の大きな窓から、立山連峰の山々のパノラマを満喫

ここがポイントです!
暖炉があり、本を読んだりしてくつろげる談話室。夏はテラスも利用できる

天狗平

たてやまこうげんほてる

立山高原ホテル

ホテル

閑静な立地の
山岳リゾートホテル

ヨーロッパアルプス風の内装が魅力のホテル。標高2300mに位置し、立山の主峰雄山をはじめ、山々の眺望も抜群。洋室、和室、デラックスルーム、特別室など客室も多彩。夕食は富山の旬満載の和食が楽しめる。

☎076-463-1014 ◆室堂ターミナルから立山高原バス美女平行きで5分、天狗平下車(帰路のバスは事前予約が必要)、徒歩2分 MAP折込裏G4 ●4月25日～11月4日営業 ◆27室 ●昭和50年(1975)開業 ●飲食:なし ●立ち寄り湯:なし

1 5階建ての山小屋風ホテル。立山連峰の山々のパノラマを楽しむ **2** 読書コーナーもあるロビー

CHECK
÷1泊2食付料金÷
2万2000円～
÷時間÷
◆IN15時、OUT9時

室堂平

たてやまむろどうさんそう

立山室堂山荘

山小屋

日本最古の歴史をもつ
山小屋がルーツになっている

享保11年(1726)建築で国の重要文化財にも指定されている日本最古の山小屋「立山室堂」に隣接する山小屋。山小屋らしい木のぬくもりが感じられる客室は、和室または相部屋の2タイプを用意している。

☎076-463-1228 ◆室堂ターミナルから徒歩10分 MAP折込裏G4 ●4月15日～11月24日営業 ◆37室 ●昭和62年(1987)開業 ●飲食:牛丼800円、きつねうどん700円など ◆10～15時 ◆期間中無休 ●立ち寄り湯:◆700円 ◆14～16時 ◆メンテナンス日

CHECK
÷1泊2食付料金÷
1万450円～
÷時間÷
◆IN14時、OUT9時

ここがポイントです!
雄山や大汝山などを間近に望む展望大浴場。壮大な景色とともに疲れを癒やそう

1 木造2階建ての山小屋。山への登山客の利用が多い **2** 広々とした食堂。全館セントラルヒーティングを採用

📖 宿は室堂平エリアに多いが、天狗平、弥陀ヶ原、雷鳥沢、立山山麓の各エリアにも宿が数軒あるので、プランに合わせて選びましょう。

立山黒部アルペンルートに
生息する動物・野鳥たち

標高が高いアルペンルートでは、珍しい動物の姿が見られることもあります。
周囲をよく観察しながら散策すると、旅もいっそう楽しくなりますよ。

オコジョ

夏　冬

イタチの仲間で哺乳類。体長は15〜30cmほどあり、4〜7月に岩場で見られる。夏場は表面毛が茶色に、冬は全身が白毛になる。つぶらな真っ黒の目がかわいい。警戒心が強い。

見られるエリア　室堂、天狗平

ライチョウ

6〜7月(オス)　11〜4月

国の特別天然記念物。名前の由来は雷雨になりそうな日に出現しやすいことからとされる。6〜7月ごろはオスが黒褐色、メスが黄褐色の夏毛に、11〜4月ごろはともに全身が真っ白に。

見られるエリア　室堂

ライチョウや
オコジョに出合ったら

　室堂平周辺でライチョウやオコジョを目撃したら、室堂ターミナルにある立山自然保護センターへ報告しよう。記念に特製シールがもらえるよ。報告された情報が館内に掲示されているので、散策前に情報をチェックすれば遭遇率もUPするかも。

オオルリ

オスは鮮やかなコバルトブルーの体が特徴。「ヒリーリ、ホリーヒ、ヒールリ、ジィジイ」とさえずる。

見られるエリア　美女平

アカハラ

ツグミ科で体長24cmほど。赤茶色の脇腹からその名がついた。ピョンピョン跳ね歩く姿がかわいらしい。

見られるエリア　美女平

イワヒバリ

茶色の体、灰色の頭が特徴。室堂平の草地でエサをついばむ様子をよく見かける。人間に対する警戒心が少ない。

見られるエリア　室堂

キビタキ

頭から背にかけて黒く、白い斑がある。胸部はオレンジ色で、体長はスズメほどの大きさ。

見られるエリア　美女平

ニホンカモシカ

4〜7月に目撃される。体長約1m、体重45kgほど。国の特別天然記念物で、オス、メスとも2本の角がある。

見られるエリア　立山駅、美女平

ニホンザル

木々を渡りながら十数頭〜150頭の群れで行動する。5〜7月ごろに見られ、車道に出没することもある。

見られるエリア　美女平

黒部峡谷・宇奈月温泉では、自然美と温泉に心も体も癒やされます

黒部川に沿って続くダイナミックなV字谷へ、トロッコ電車で出発。車では行くことができない秘境には、数々の絶景と温泉が待っています。宇奈月温泉は黒部峡谷の起点になる小さな温泉地。工夫が凝らされた宿のお風呂で、四季折々の景色を楽しみましょう。

これしよう！

**日本一深い
峡谷美を堪能**

沿線に整備されたやま
びこ展望台、黒部万年
雪展望台のほか、黒薙
駅ホームなど絶景スポ
ットが豊富（☞P99）。

これしよう！

**散策も楽しい
宇奈月温泉**

こぢんまりした温泉街
に美術館やカフェが点
在。温泉宿（☞P102）
とセットで楽しみたい。

黒部峡谷・宇奈月温泉は
ココにあります！

access

🚉 **鉄道**

JR富山駅

↓ 徒歩5分

電鉄富山駅

↓ 富山地方鉄道本線1時間45分

宇奈月温泉駅

↓ 徒歩5分

黒部峡谷鉄道宇奈月駅

問合せ
☎0765-62-1515（宇奈月温泉観光案内所）
☎0765-57-2851
（黒部市地域観光ギャラリー「観光案内所」）
MAP 折込裏G2〜G3／H6〜I6

富山地方鉄道の割引きっぷ

鉄道線と市内電車が2日間乗り放題の
「鉄道線・市内電車2日フリーきっぷ」が
便利。1日用もあり。☎076-432-3456
（富山地方鉄道テレホンセンター）💴2日用
大人4600円（通年）、1日用大人2600円
（12〜3月は2100円）

富山地方鉄道の観光列車

アルプスエキスプレス（下左）は元・西武
レッドアロー号の車内を水戸岡鋭治氏
のデザインでリニューアル、2号車は外
向きのカウンター席に乗っているだけ
でも楽しめる（※2022年5月現在運休
中）。富山もようトレイン（下右）は、立
山連峰やライチョウをはじめ、富山県な
らではの景観や名物をあしらった車両
で、不定期で運行される。☎076-432-
3456（富山地方鉄道テレホンセンター）

トロッコ電車に乗って息をのむ美景の旅へ

黒部峡谷・
宇奈月温泉

くろべきょうこく・うなづきおんせん

こんなところ

北アルプスに深いV字谷を刻む黒部峡谷
は、トロッコ電車でしか行くことのでき
ない秘境エリア。途中4駅には人喰岩や
猿飛峡などの景勝地が盛りだくさん。発
着駅の宇奈月温泉は、峡谷を一望する絶
景風呂の宝庫。また、2024年には終点
の欅平から黒部ダムを結ぶ新ルートも
開通する予定だ。

セレネ美術館
（☞P104）
1

想影展望台
宇奈月温泉駅
宇奈月駅
宇奈月温泉観光案内所

2 ホテル黒部
（☞P103）

3 やまびこ展望台
（☞P99）

森石山
瘤杉山

烏帽子山

黒部峡谷トロッコ電車
（☞P98）
4

黒薙温泉旅館
黒薙温泉

黒部川

黒部市

突坂山

黒部峡谷鉄道

猫又山

僧ケ岳

魚津市

駒ケ岳

不帰岳

5 黒部万年雪展望台
（☞P99）

西鐘釣山
美山温泉
鐘釣温泉

黒部峡谷

百貫山

滝倉山

名剣山

6 奥鐘橋
（☞P99）

欅平駅
名剣温泉
名剣温泉旅館

鐘釣温泉
山小屋祖母谷温泉
祖母谷温泉

黒部峡谷を望む展望台
宇奈月温泉にある想影展望台は、スペインの有名な建築家である故エンリック・ミラーレス氏が設計したユニークなデザインの展望台。
MAP折込裏H6

うなづきおんせんかんこうあんないじょ
宇奈月温泉観光案内所
宇奈月温泉総湯「湯めどころ宇奈月」（☞P104）の1階にある。イベント情報のほか、宿泊やツアーの予約受付も行う。
☎0765-62-1515
MAP折込裏H6

黒部峡谷・宇奈月温泉

黒部峡谷・宇奈月温泉
おすすめコース

おすすめコースは
ぐるっと回って
1泊2日

1日目は美術館や展望台など、宇奈月温泉街を散策しよう。温泉宿に宿泊して翌日は、トロッコ電車に乗車。途中下車して、立ち寄り湯や絶景観賞を楽しみながら終点欅平駅とを往復する。

スタート

1 **2** **3** **4** **5** **6** ゴール

見学　宿泊　見学　見学　見学　見学

宇奈月温泉駅　▶　セレネ美術館　▶　ホテル黒部　▶　やまびこ展望台　▶　黒部峡谷トロッコ電車　▶　黒部万年雪展望台　▶　奥鐘橋　▶　宇奈月駅

徒歩6分　徒歩6分　徒歩10分　徒歩5分　トロッコ電車55分　トロッコ電車と徒歩30分　トロッコ電車1時間20分

トロッコ電車に揺られて、絶景が待つ秘境を旅しましょう

最も深いところでは2000mもあるほど、険しい谷が約70㎞続く黒部峡谷。
いくつものトンネルと橋を通りながら、前人未踏の地といわれた谷へ出発です。

くろべきょうこくとろっこでんしゃ
黒部峡谷トロッコ電車

急峻な崖を縫うように走る
小さなトロッコ電車

宇奈月〜欅平駅間の約20㎞の区間を約1時間20分で結ぶ。昭和12年（1937）、黒部川電源開発工事用に敷かれた軌道が前身で、戦後、観光鉄道として整備された。一般客が乗降できるのは宇奈月、黒薙、鐘釣、欅平の4駅のみ。また、車内アナウンスを担当しているのは、富山県出身の俳優・室井滋さん。名所にさしかかると、クイズなどを交えた解説が流れる。

MAP 折込裏G2

▲窓のない客車は、吹き抜ける風が心地よい

▲手前はかつてトロッコ電車の軌道だった山彦橋。奥が現在の軌道の新山彦橋

◆ トロッコ電車乗車のキホン ◆

運行期間 ※年によって異なる
4月20〜30日（宇奈月〜笹平間）、5月1〜9日（宇奈月〜鐘釣間）、5月10日〜11月30日（宇奈月〜欅平間）予定
※積雪等により変更の可能性あり

運行時間
宇奈月駅始発8時17分、欅平駅終発16時43分※時期により運行時間の変更あり。詳細はHPで要確認

運賃
宇奈月〜欅平駅1980円（リラックス客車は運賃に+530円）

乗車券の購入方法
当日乗車券は宇奈月駅窓口で販売。全便定員制なので、GW、お盆、紅葉などの行楽シーズンは事前予約がおすすめ。

予約の方法
●インターネットまたは電話予約は乗車日の3カ月前〜前日15時まで可能。
●郵便による予約は乗車日の3カ月前〜5日前まで可能。事前に代金振込が必要。
●旅行代理店での予約も可能。詳細は各代理店にて。
●宇奈月駅窓口では乗車日前日の17時まで販売。
※4〜6月の予約受付は4月1日から

利用上の注意
●乗降できる駅は宇奈月、黒薙、鐘釣、欅平のみ。途中下車した場合は前途無効になるので、目的駅までの片道乗車券を購入。
●車内にトイレはないので、乗車前に済ませる必要がある。
●窓なしの普通客車は夏でも肌寒いことがあるので、上着は必携。

問合先
☎0765-62-1011（黒部峡谷鉄道お客さまセンター、9〜17時※12〜3月は〜16時）

▲宇奈月駅を出発したトロッコ電車が最初に渡る真紅の鉄橋「新山彦橋」

停車駅でおみやげをゲット!
鐘釣駅で販売している「万年雪のかけら（1箱700円）」は、駅から見える万年雪をイメージしたお菓子。彩りのよいコンペイトウも入っている。
☎0765-62-1749(黒部峡谷鉄道)
MAP 折込裏G3(鐘釣駅)

沿線のみどころをチェック!

宇奈月駅から徒歩3分

① やまびこ展望台

新山彦橋を渡るトロッコ電車を一望。新緑や紅葉など、撮影スポットとしてもおすすめだ。
¥❤休 見学自由

黒薙駅からすぐ

② 後曳橋

峡谷の中で最も深い谷に架かる青い鉄橋で、川底からの高さは約60m。入山者がその深さに恐れをなし、後ずさりしたことからついた。
¥❤休 見学自由

▶黒薙駅を出発してすぐ、駅ホームが撮影ポイント

鐘釣駅からすぐ

③ 黒部万年雪展望台

百貫山に降った残雪とエメラルドグリーンの黒部川の清流が眺められる。電車からも見える。
¥❤休 見学自由

▲雪崩が積み重なった雪渓を間近で見よう

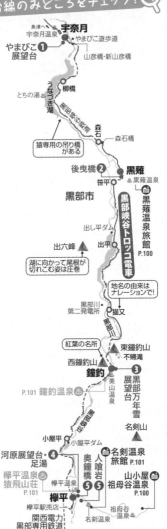

魚津へ
宇奈月温泉
宇奈月
やまびこ①
展望台
やまびこ遊歩道
山彦橋・新山彦橋
うなづき湖
とちの湯
柳橋
黒部峡谷鉄道
猿専用の吊り橋がある
森石
森石橋
後曳橋②
黒薙
黒薙温泉
笹平
黒部市
出し平ダム
黒薙温泉旅館 P.100
黒部峡谷トロッコ電車
出六峰
出平
湖に向かって尾根が切れこむ姿は圧巻
地名の由来はナレーションで!
黒部川・第二発電所
猫又
黒部川
紅葉の名所
東鐘釣山
不帰滝
西鐘釣山
鐘釣
黒部万年雪展望台
鐘釣温泉 P.101
美山温泉
名剣山
小屋平
小屋平ダム
河原展望台・④
足湯
奥鐘橋
人喰岩
名剣温泉旅館 P.101
欅平温泉
猿飛山荘 P.101
欅平温泉
欅平
欅平駅売店
⑤⑤
山小屋祖母谷温泉 P.100
祖母谷温泉
名剣温泉
関西電力黒部専用鉄道

欅平駅から徒歩30分

④ 河原展望台・足湯

奥鐘山、名剣山や奥鐘橋が見渡せる展望台。峡谷美に癒やされるスポットとして人気。
¥❤休 見学自由

▲足湯に浸かって、旅の疲れをほぐそう

欅平駅から徒歩5～10分

⑤ 奥鐘橋＆人喰岩

黒部川に架かる高さ34mの奥鐘橋の先には、岩壁をえぐり取って造られた歩道があり、人が岩に飲み込まれそうな迫力。
¥❤休 見学自由

▶岩が覆いかぶさってきそうな迫力の人喰岩

▲橋上から奥鐘山や名剣山を一望できる

黒部峡谷●トロッコ電車に揺られて、絶景が待つ秘境を旅しましょう

📖 ヨーロッパの古城を思わせる「新柳河原発電所」や、垂直に切り立った「ねずみ返しの岩壁」など、車窓からの絶景は盛りだくさんです。

トロッコ電車でしか行けない
黒部峡谷の秘湯宿へ

V字峡の山あいを走るトロッコ電車（☞P98）の沿線には、秘湯が点在しています。
黒部峡谷の絶景とともに浸かる温泉はまさに格別のひと言です。

黒薙駅から徒歩20分

くろなぎおんせんりょかん
黒薙温泉旅館

江戸時代末期に開湯した温泉

黒薙川沿いに立つ一軒宿の温泉で、慶応4年（1868）開湯と黒部峡谷にある温泉の中では最も古い。河原にある自然石を利用した広さ28畳ほどの露天風呂は、秘境ムードたっぷり。ほかに、女性専用露天風呂と男女別内湯もある。

☎0765-62-1802 **住**黒部市宇奈月町黒薙
MAP折込裏G2 ●営業期間：5月上旬～11月23日ごろ ●木造2階建て15室 ●建築年不明 ●泉質：弱アルカリ性単純温泉（低張性高温泉） ●風呂：内湯2 露天2（河原の露天風呂は混浴のため水着可 ※水着のレンタルはなし）貸切0 ●立ち寄り湯：可（**¥**800円）9時～15時15分（**休**無休）

おすすめポイント
河原の露天風呂では、星空を見上げながら入浴できる（宿泊客のみ）

❶木造2階建ての建物が河畔に立つ **❷**黒部川の支流、黒薙川を見渡す客室 **❸**山菜や温泉卵などが付く昼の定食1100円

CHECK
✛1泊2食付料金
平日1万1150円～
休前日1万2250円～
✛時間✛
🕐IN14時、OUT10時

おすすめポイント
沸騰に近い温度で温泉が湧き出す河原で、温泉卵作りができる

おすすめポイント
❶白馬岳や唐松岳へ向かう登山客のアクセス拠点 **❷**開放的な男性用露天風呂

CHECK
✛1泊2食付料金
平日1万1000円～
休前日1万1000円～
✛時間✛
🕐IN12時、OUT9時

欅平駅から徒歩50分

やまごやばばだにおんせん
山小屋祖母谷温泉

山奥の秘境に湧く源泉の湯

トロッコ電車の終点・欅平駅から徒歩50分かけてたどり着く祖母谷は、まさに山奥の秘境。200mほど上流の河原から源泉が湧き出しており、あたりには硫黄の匂いが漂う。男女別露天風呂のほか、男女入替制の内湯も人気だ。

☎0765-62-1038 **住**黒部市宇奈月町黒部奥山 **MAP**折込裏G3 ●営業期間：6月中旬～11月3日 ●木造1階建て6室 ●昭和47年（1972）前後築 ●泉質：単純硫黄泉 ●風呂：内湯1 露天2 貸切0 ●立ち寄り湯：男女別露天風呂のみ入浴可（**¥**700円）11～15時（**休**期間中無休）

源泉かけ流し 🍚部屋食 エステあり 🚭禁煙ルームあり 大浴場あり ひとり宿泊OK

欅平のみどころへ
向かう拠点として
便利な食事処

猿飛峡遊歩道の入口にあり、欅平駅からも近い「欅平温泉猿飛山荘」では、日帰り温泉が利用できるほか、岩魚山菜定食2700円〜などの昼食メニューを用意。散策の前後に立ち寄ろう。
☎0765-62-1004 **MAP** 折込裏G3

欅平駅から徒歩15分

めいけんおんせんりょかん

名剣温泉旅館

断崖から深い峡谷を望める宿

祖母谷川沿いの断崖に立つ、絶景の一軒宿。風呂は男女別の露天風呂や内湯のほか、天然岩を生かした貸切風呂もある。11〜13時は昼食処として営業しており、山菜天ざるそば1600円、岩魚の塩焼1100円などが味わえる。

☎0765-52-1355（予約事務所）**住**黒部市宇奈月町欅平 **MAP** 折込裏G3 ●営業期間：6月上旬〜11月中旬 ●鉄骨4階建10室 ●昭和46年(1971)築 ●泉質：単純硫黄泉 ●風呂：内湯2 露天2 貸切1 ●立ち寄り湯：男女別露天風呂のみ入浴可（**¥**770円 **⏱**10〜15時最終受付 **休**期間中無休）

＋おすすめポイント＋
「日本秘湯を守る会」会員の宿主が、手作りした露天風呂は野趣満点

CHECK
＋1泊2食付料金＋
平日1万4190円〜
休前日1万5120円〜
＋時間＋
⏱IN15時、OUT10時

❶山に囲まれて立ち、いかにも秘湯の雰囲気 ❷祖母谷川の峡谷風景が望める客室 ❸夕食は地元食材が中心のメニューだ

＼ 変わり種温泉にも注目です！ ／

かねつり

鐘釣温泉

文政2年（1819）開湯の歴史ある温泉。宿から5分ほど下った黒部川の河原には「河原露天風呂」とよばれる自然と湧き出た温泉があり、その窓口にもなっている。温泉で淹れたコーヒー500円もおすすめ。

☎0765-62-1103（鐘釣温泉旅館）**住**黒部市宇奈月町鐘釣 **¥**入浴無料 **⏱**8〜16時 **休**不定休（川の増水・減水時は入浴不可の場合あり）**交**黒部峡谷鉄道鐘釣駅から徒歩5分 **MAP** 折込裏G3 ●営業期間：5月上旬〜11月上旬

❶河原を見下ろすように立つ ❷河原のあちこちから温泉が湧き、石組みの天然浴槽で足湯が可能。自分で河原の砂を掘ったり、石で囲ったりして小さな露天風呂を作ることができる

📖 湯量も豊富で宇奈月温泉（☞P102）のお湯は、黒薙温泉から引かれています。

峡谷美が広がる宇奈月温泉の宿で
四季折々の景色を堪能しましょう

宇奈月温泉は黒部川沿いに位置する山あいの温泉地です。
黒部峡谷上流から引かれる美肌の湯を峡谷一望の絶景露天風呂で満喫。

くろべ・うなづきおんせん　やまのは　ゆ🛁(※時期により可)

黒部・宇奈月温泉 やまのは

棚田のような露天風呂で絶景を満喫

黒部峡谷の断崖にたたずむ宇奈月温泉最大ホテル。峡谷を見下ろす宿の温泉や一部の客室から、真っ赤な鉄橋の架かる峡谷の絶景を望む。温泉には棚田状の露天風呂「棚湯」を設置。夕食のバイキングには富山湾の鮮魚料理が並ぶ。

☎0765-62-1311 🏠黒部市宇奈月温泉352-7 🚃富山地方鉄道宇奈月温泉駅から徒歩3分 Ｐ約160台 MAP折込裏H6 🛏142室(露天風呂付なし)●昭和45年(1970)開業 ●泉質:弱アルカリ性単純泉 ●風呂:内湯2 露天2 貸切3 ●立ち寄り湯: ¥1200円 ⏰13〜16時 休要問合せ

②

①

ここが自慢です✨
広々としたゆとりの空間。浴槽の段の高さによって峡谷の風景もさまざま。

1 本館デラックス和洋室。ベッドルームのほかに琉球畳の和室を用意している 2 階段状になった浴槽を設けた露天風呂「棚湯」 3 貸切風呂は3種類備える 4 夕食バイキングでは寿司や網焼きなどのライブキッチンもある

CHECK
+1泊2食付料金+
平日1万3900円〜
休前日1万7200円〜
+時間+
⏰IN15時、OUT10時

③

②

えんらく

延楽

数々の芸術家に愛された宿

昭和12年(1937)創業の老舗旅館。川合玉堂、中川一政ら多くの芸術家に愛された宿として知られ、館内には随所にゆかりの作品の展示が。客室は全室峡谷に面し、和室のほか露天風呂付き、バリアフリーの和洋室などを用意。

☎0765-62-1211 🏠黒部市宇奈月温泉347-1 🚃富山地方鉄道宇奈月温泉駅から徒歩4分 Ｐ50台 MAP折込裏H6 🛏60室(露天風呂付10室)●昭和12年(1937)開業 ●泉質:アルカリ性単純泉 ●風呂:内湯2 露天2 貸切0 ●立ち寄り湯:なし

ここが自慢です✨
総檜造りの露天風呂。額縁のように風景を切り取った演出が印象的だ。

1 温泉かけ流しの客室露天風呂は2021年夏にリニューアル。黒部峡谷の絶景を独り占めできる 2 富山の旬の厳選素材にこだわる料理。写真は冬限定の本津合蟹洗い 3 黒部川に面した露天風呂「華の湯」

CHECK
+1泊2食付料金+
平日3万2050円〜
休前日3万4250円〜
+時間+
⏰IN15時、OUT10時

🏞源泉かけ流し 🏠部屋食 💆エステあり 🚭禁煙ルームあり ゆ大浴場あり 🧍ひとり宿泊OK

ほてるくろべ
ホテル黒部

トロッコも望める眺望抜群の宿

温泉街から少し離れた高台にあり、峡谷、宇奈月ダム、対岸を行くトロッコ電車（冬期運休）など感動的な景色に出合える。女性客には絵柄が選べる浴衣の貸し出し1100円がある。富山湾から届く魚介満載の夕食も好評。

☎0765-62-1331 🏠黒部市宇奈月温泉7 🚌富山地方鉄道宇奈月温泉駅から無料送迎バスで3分 🅿40台 **MAP**折込裏I6 🛏39室（露天風呂付なし）●昭和40年(1965)開業 ●泉質：弱アルカリ性単純泉 ●風呂：内湯2 露天2 貸切0 ●立ち寄り湯：¥1100円 🕐12〜16時 🈳メンテナンス日

> **ここが自慢です** ✨
> 峡谷にせり出した露天風呂は開放感に満ち、自然との一体感に浸れる。

CHECK
╋1泊2食付料金╋
平日1万5550円〜
休前日1万5550円〜
╋時間╋
🕐IN15時、OUT10時

1 客室からもトロッコ電車や山の緑が眺められる 2 夕食は季節の富山湾の魚介など地元食材を生かした会席料理 3 対岸を走るトロッコ電車も見える露天風呂

> **ここが自慢です** ✨
> 渓谷からの香りや風を通じて、峡谷の自然をより身近に体感できる。

CHECK
╋1泊2食付料金╋
平日1万3350円〜
休前日1万6650円〜
╋時間╋
🕐IN15時、OUT10時

1 評判の夕食は地元の食材を厳選、器や盛り付けにもこだわりがある 2 大浴場「翠の湯」。ほかにも露天風呂併設の大浴場も備える

えんたいじそう
延対寺荘

絶景パノラマと料理が魅力

明治時代創業、多くの文人墨客を迎えてきた老舗旅館。地産食材を用い伝統の技と新たな創意を取り入れた料理は評判が高い。峡谷に面した客室や露天風呂からは黒部のパノラマが広がり、心地よいひとときを過ごせる。

☎0765-62-1234 🏠黒部市宇奈月温泉53 🚌富山地方鉄道宇奈月温泉駅から徒歩5分 🅿50台 **MAP**折込裏H6 🛏85室（露天風呂付なし）●昭和25年(1950)開業 ●泉質：アルカリ性単純泉 ●風呂：内湯3 露天1 貸切3 ●立ち寄り湯：¥1000円（タオル付）🕐12〜16時 🈳無休

くろべ・うなづきおんせん とうげん
黒部・宇奈月温泉 桃源

貸切露天風呂は野趣たっぷり

黒部川の清流を眼下に望む2種の大浴場、露天風呂、貸切露天風呂（45分2200円、要当日予約）では名湯と眺望を満喫できる。ほかに3つの貸切風呂も用意。富山湾の季節素材をふんだんに取り入れた夕食も評判だ。

☎0765-62-1131 🏠黒部市宇奈月温泉22-1 🚌富山地方鉄道宇奈月温泉駅から徒歩6分 🅿40台 **MAP**折込裏H6 🛏48室（露天風呂付3室）●大正12年(1923)開業 ●泉質：アルカリ性単純泉 ●風呂：内湯2 露天2 貸切4 ●立ち寄り湯：なし

CHECK
╋1泊2食付料金╋
平日1万9950円〜
休前日2万4350円〜
╋時間╋
🕐IN15時、OUT10時

1 涼やかな川音が楽しめる大浴場「川床露天風呂」 2 眼下に黒部川を望む和室ベッドルーム

> **ここが自慢です** ✨
> シモンズベッドを取り入れ、和洋のそれぞれのよさを生かしている。

📖 宇奈月温泉駅のホームにある足湯「くろなぎ」（**MAP**折込裏H6）は、駅の外からも利用できるので、街巡りの休憩にもぴったりです。

ココにも行きたい

宇奈月温泉のおすすめスポット

宇奈月温泉駅周辺
せれねびじゅつかん
セレネ美術館

黒部の自然を絵画で鑑賞する

時とともに姿を変えていく黒部の大自然を絵画で後世に伝えようと、平山郁夫や田渕俊夫をはじめとした7人の画家が描いた絵画を展示。併設のカフェセレネでは、黒部の名水で淹れたコーヒーが人気。**DATA**☎0765-62-2000 **住**黒部市宇奈月温泉6-3 **¥**入館620円 **◯**9時〜17時30分（11〜3月は火曜、祝日の場合は開館）**◯**富山地方鉄道宇奈月温泉駅から徒歩6分 **P**35台 **MAP**折込裏I6

宇奈月温泉駅周辺
くろべがわでんききねんかん
黒部川電気記念館

黒部川の電源開発について学べる

黒部川電源開発の歴史、黒部峡谷の自然についてジオラマや映像などで紹介。世紀の大工事「くろよん建設」をグラフィックや当時の映像で見られ、掘削モデルで大町トンネルの難工事も体験できる。**DATA**☎0765-62-1334 **住**黒部市黒部峡谷口11 **¥**入館無料 **◯**7時30分〜18時（12月1日〜4月17日9〜16時）**◯**無休（12月1日〜4月17日は火曜）**◯**富山地方鉄道宇奈月温泉駅から徒歩3分 **P**なし **MAP**折込裏I6

宇奈月温泉駅周辺
あじどころ かじか
味処 河鹿

絶品の釜めしとおでん

宇奈月温泉駅の向かいにある食事処。具がたっぷり入ったアツアツの釜めし1100円は、注文を受けてから作るのででできた夜はわえる。夜は20種以上の具材が楽しめるおでんが人気。ほかに地物料理や定食も提供している。**DATA**☎0765-62-1505 **住**黒部市宇奈月温泉330-19 **◯**11〜14時、17〜24時 **◯**火曜 **◯**富山地方鉄道宇奈月温泉駅から徒歩2分 **P**5台 **MAP**折込裏H6

宇奈月温泉駅周辺
かふぇ も〜つぁると
カフェ モーツァルト

優雅なひとときを過ごせる

マスターがこよなく愛するモーツァルトの楽曲と収集品が迎えてくれる。おすすめは山麓の水を使い8時間かけて水出ししたコーヒー、ダッチオンザロック680円、1日8杯限定。季節限定の旬が味わえるスイーツ・あさひまちエクスプレス人気。**DATA**☎0765-62-1255 **住**黒部市宇奈月温泉294-1 **◯**8〜19時（季節により変動あり）**◯**不定休 **◯**富山地方鉄道宇奈月温泉駅から徒歩2分 **P**なし **MAP**折込裏I6

宇奈月温泉駅周辺
さかいかしほ
酒井菓子舗

おみやげにぴったりな宇奈月の和菓子

先代から受け継がれ、水と米にこだわった和菓子が並ぶ。小豆餡を羽二重餅で包み、蜜漬けのお菓子用の青じそで包んだ湯の花ごろもは、甘さもほどよい上品な味の代表銘菓で、4個入り1100円。**DATA**☎0765-62-1731 **住**黒部市宇奈月温泉294-3 **◯**8時30分〜18時（季節により変動）**◯**無休 **◯**富山地方鉄道宇奈月温泉駅から徒歩2分 **P**なし **MAP**折込H6

宇奈月温泉駅周辺
うなづきおんせんそうゆ「ゆめどころうなづき」
宇奈月温泉総湯「湯めどころ宇奈月」

温泉を気軽に楽しめる総湯

「桃の湯」と「月美の湯」が男女日替制となっている。地元客との会話を楽しみながら、温泉を満喫しよう。タオルや石鹸の販売もあるし、手ぶらでもOK。1階には観光案内所を併設。**DATA**☎0765-62-1126 **住**黒部市宇奈月温泉256-11 **¥**入浴510円 **◯**9〜22時（受付は〜21時、観光案内所は〜17時）**◯**火曜（5〜11月は第4火曜）**◯**富山地方鉄道宇奈月温泉駅から徒歩1分 **P**21台 **MAP**折込裏H6

ひと足延ばして
朝日町の絶景と一軒宿へ

富山県東端の朝日町。春の花と残雪の山が織りなす絶景と、秘境の洞窟風呂に注目です。

朝日町
あさひふなかわ「はるのしじゅうそう」
あさひ舟川「春の四重奏」

4つの自然が奏でる優美なハーモニー

残雪の北アルプスを背景に、桜と早咲きのチューリップ、菜の花の4つの春風景が競う春の朝日町。自然が織りなす奇跡のような絶景がSNSでも話題になった。**DATA**☎0765-83-2780（朝日町観光協会）**住**朝日町舟川新 **¥◯**見学自由（4月上旬〜中旬）**◯**JR黒部宇奈月温泉駅からバス・あさひまちエクスプレス（要予約）で18分 **P**160台（有料、期間中平日のみ）**MAP**折込裏G1

この時期だけの競演を見逃せない。桜開花中はライトアップも開催
©(公社)とやま観光推進機構

朝日町
おがわおんせんもとゆほてるおがわ
小川温泉元湯ホテルおがわ

深い山々に囲まれて湯けむりを上げる一軒宿

湯の華が凝固した天然洞窟野天風呂や檜桶露天風呂など男女合わせて6つの露天風呂を用意。春は山菜、冬はベニズワイガニなど旬を大切にした料理が食膳にのぼる。**DATA**☎0765-84-8111 **住**朝日町湯ノ瀬1 **¥**1泊2食付1万9800円 **◯**IN15時、OUT10時 **◯**JR黒部宇奈月温泉駅から無料送迎バス（要予約）で30分 **P**100台 **◯**全36室（露天風呂付なし）**MAP**折込裏G1 **◯**風呂：内湯2 露天6 貸切0 **◯**立ち寄り湯：**¥**1000円 **◯**10〜14時 **◯**月〜水曜

人気の天然洞窟野天風呂（12月〜4月下旬閉鎖）

黒部峡谷と黒部ダムを結ぶ新しい観光ルート

新たな観光ルートとして2024年（予定）に一般開放され、
黒部一帯の山岳観光がより魅力的に。新ルートでは黒部の歴史と秘境感を存分に味わえます。

黒部の歴史と秘境を楽しめる新ルートが待ち遠しい

富山県と長野県を結ぶ世界有数の山岳観光ルート「立山黒部アルペンルート」に、新たな観光ルートが結ばれることになった。新ルートである通称「黒部ルート」は、黒部峡谷の欅平と黒部ダムを結ぶ全長約18kmで、黒部川第三・第四発電所を建設する際に、資機材運搬ルートとして整備された。現在も発電所の管理等に利用されているが、2024年からは観光客に開放される予定だ。ルートの移動には、蓄電池機関車やインクラインなど、資材運搬で活躍した珍しい乗り物を乗り継ぐ。途中、トンネル難工事の歴史を伝える高熱隧道を通り、黒部峡谷奥地の雄大な景色も随所で楽しめる。黒部ダムで、立山黒部アルペンルート（☞P86）に結ばれる。

☎076-444-4498（富山県地方創生観光振興室）
MAP 折込裏G3

P98黒部峡谷トロッコ電車

立山黒部アルペンルート
P86・折込表

黒部ルートの注目ポイントはここです

黒部ルート

蓄電池機関車
欅平上部〜黒部川第四発電所間の約6.5kmを走行。架線のない高熱隧道を通るため、蓄電池式で耐熱構造の車両。

竪坑エレベーター
昭和14年（1939）に設置された巨大エレベーター。山の中腹を垂直に貫き、標高差200mで、上部の標高は800m。

インクライン
斜度34度の急傾斜を20分かけて昇降する、長さ約815mの地下式ケーブルカー。昭和34年（1959）に完成した。

高熱隧道
建設時の岩盤温度は160℃以上あり、難工事となったトンネル。今も約40℃あり、車内からでも硫黄臭や熱気を感じる。

仙人谷
高熱隧道の先、標高859mの鉄橋の眼下に広がる峡谷。背後の山々、落差125mの雲切の滝、仙人谷ダムを望む。

タル沢横坑
黒部ダムへ向かうルートの途中にある。上級登山者のみが楽しんでいた、裏剱や氷河の壮大な風景が見られる。

富山の知っておきたい
エトセトラ

富山への興味が深まる本やプランに取り入れたいイベントなど、
旅の前のちょっとした予習に役立つ情報をご紹介します。

読んでおきたい本

芥川賞受賞作から、世界で評価された映画のモチーフになったものまで、富山が舞台の作品を旅の副読本に。

螢川

春から夏へと季節が変わる富山を舞台に、父の死、友人の事故、初恋といった体験を描く。芥川賞受賞作。新潮文庫／『螢川・泥の河』／宮本輝／506円（税込）

長い道

富山の漁村、入善町へ疎開した杉村潔が経験する、地元の少年同士の友情と確執を通して戦時下の日本が浮かび上がる自伝的長篇。映画『少年時代』の原作となった。小学館 P・D BOOKS／『長い道・同級会』／柏原兵三／715円（税込）

劒岳 点の記

日露戦争直後、地形図作成のため劒岳山頂に三角点を埋設するという任務を命じられた柴崎一行。地元からの反対などの困難と戦いながら山頂に挑んだ苦闘の姿を描く。文春文庫／『劒岳〈点の記〉』／新田次郎／836円（税込）

納棺夫日記

富山県で葬儀社に勤めた筆者が、納棺師として遺体と向き合った体験を綴った日記。映画『おくりびと』のモチーフとなった作品。文春文庫／『納棺夫日記 増補改訂版』／青木新門／638円（税込）

観ておきたい映画

富山出身の監督が一目惚れしたという古民家や立山連峰の大自然。作品に思いを馳せる聖地巡りも楽しい。

おおかみこどもの雨と雪

オオカミの血を引く彼と恋に落ちた花。人間とオオカミの顔をもつ2人の子どもに恵まれるも、彼の死によって幸せな生活が奪われてしまう。子どもたちが人間とオオカミ、どちらの人生も歩めるよう、花は田舎の古民家に移り住むことを決意する。
『おおかみこどもの雨と雪』DVD&Blu-ray発売中
発売元：バップ
©2012「おおかみこどもの雨と雪」製作委員会
監督：細田守

ココが登場地

おおかみこどもの花の家
MAP折込裏F3

ゆかりの人

大人から子どもまで幅広い人気の漫画を生み出した藤子・F・不二雄の出身地、高岡にはゆかりのスポットも。

藤子・F・不二雄

『ドラえもん』（☞P51）を生み出した、日本を代表する漫画家が少年時代を過ごした高岡。高岡市 藤子・F・不二雄ふるさとギャラリー（写真）で創作の原点に迫れるほか、市内には高岡おとぎの森公園、ドラえもんポスト、ドラえもんの散歩道と、関連スポットが豊富。キャラクター像も点在している。

花の名所

各種の花々が咲き誇る桜の名所や年中チューリップが見られる公園など、富山が誇る花の名所はこちら。

あさひ舟川「春の四重奏」

残雪の北アルプスを背景に、桜と早咲きのチューリップ、菜の花が共演する近年人気のスポット。SNSでも話題となった絶景。
データはP104

松川遊覧船

ソメイヨシノが460本植えられている松川沿いは県内屈指の花見スポット。遊覧船に乗って、桜のトンネルをくぐりながら優雅に花見が楽しめる。新緑や紅葉のシーズンも美しい。
データはP23

砺波チューリップ公園

チューリップを中心に四季折々の花が楽しめる公園。いつでもチューリップが開花しているチューリップ四季彩館も。
☞データはP62

となみ 夢の平スキー場

スキー場がオフシーズンの春には約20万株のスイセン、秋には約100万本のコスモスで埋め尽くされる。
☎0763-37-2323（夢の平コスモス荘）
MAP折込裏C4

コレは食べておきたい

四季を通して多彩な海の幸が集まり、巨大な天然の生け簀といわれる富山湾の恵み満喫したい。

白エビ

海底谷「藍瓶(あいがめ)」で群雄し、薄紅色の姿から富山湾の宝石と称される白エビ。寿司や刺身、唐揚げなどで濃厚な甘みが楽しめる。4〜11月が旬。

紅ズワイガニ

富山湾の沖合い、水深400〜2700mの深海に生息。メスは漁獲禁止でオスが市場に出回り肉厚の身と濃厚なカニみそが美味。旬は9〜5月。

ホタルイカ

海岸から急に深くなる、富山湾独特の地形に集まるホタルイカ。漁場から漁港まで近いため鮮度は抜群。3月中旬〜5月が旬。

ブリ

激しい荒波を乗り越えて富山湾に入り込むブリは、脂がたっぷりのった絶品。1本余すことなく食べられる。旬は12〜2月。

バイ貝

巻貝の一種で、水深800〜1200mの深海に生息。歯ごたえのある身は噛むほどにうま味が増す。旬は5〜9月。

サクラマス

海に下った幼魚が大回遊を経て神通川や庄川などに遡上。「ます寿し」で古くから親しまれ、やわらかい肉質や上品な甘みが楽しめる。3〜6月が旬。

祭り・イベント

チューリップが彩る春、山岳シーズンの夏、峡谷が錦繍をまとう秋、そして冬はライトアップされる幻想的な集落も。季節ごとに魅力たっぷりの富山を満喫しよう!

4月下旬〜5月上旬
となみチューリップフェア

チューリップで描く巨大地上絵や花の大谷、絶景のチューリップ畑など、日本一の球根の生産地ならではの美しい景色が魅力。
☞データはP62

5月1日
高岡御車山祭

高岡の工芸技術の装飾が施された7基の山車(やま)が、土蔵造りの町並みを巡行。
☎0766-20-1301(高岡市観光交流課)
MAP P60B1

4月15日(予定)〜11月30日
立山黒部アルペンルート

前線が開通する期間中、多彩な乗り物を乗り継いで雲上世界へ。春の残雪、夏の新緑、秋の紅葉など四季折々の大自然を楽しめる。
☎076-481-1500(立山黒部総合案内センター)**MAP** 折込表

8月5・6日
たてもん祭り

約16mもある大柱に、90余りの提灯を下げ、豪快に回転奉納を行う行事。
☎0765-22-2244(魚津駅前観光案内所)**MAP** 折込裏F2

9月1〜3日(予定)
越中八尾 おわら風の盆

三味線、胡弓、太鼓の音に合わせてうたわれる哀調を帯びた唄にのせ、浴衣、法被姿の男女が、坂の街を踊って流し歩く。
☞データはP42

10月下旬〜11月中旬
黒部峡谷の紅葉

黒部峡谷の色鮮やかに染まる紅葉と青空とが相まって美しいコントラストを見せる。
☎0765-62-1011(黒部峡谷鉄道お客さまセンター)**MAP** 折込裏G4(黒部峡谷トロッコ電車)

特定日限定予定
五箇山の合掌造り集落ライトアップ

五箇山合掌造り集落では、季節ごとにライトアップが行われるが、幻想的な里山風景が広がる冬の美しさは格別。
☞データはP71

12〜2月※ブリがなくなり次第終了
ひみぶりフェア

"寒ブリ"で知られる氷見がまるごとキトキトブリづくしに!市内の参加店約30店舗でブリ料理を心ゆくまで堪能できる。
☎0766-74-5250(氷見市観光協会)

トラベルインフォメーション● 富山の知っておきたいエトセトラ

交通ガイド

富山への交通

富山へのアクセスは東京方面からはJR北陸新幹線の利用が一般的。
大阪からはJR特急、名古屋からはリーズナブルな高速バス利用がおすすめです。

🚃 鉄道で

出発	経路	到着	所要時間・料金
東京駅	JR北陸新幹線かがやき(全車指定席)	富山駅	2時間10分 / 1万2960円
東京駅	JR北陸新幹線はくたか	黒部宇奈月温泉駅	2時間25分 / 1万2080円
東京駅	JR北陸新幹線はくたか	新高岡駅	2時間50分 / 1万3830円
新宿駅	JR特急あずさ5号(全車指定席)	信濃大町駅	3時間15分 / 7390円
名古屋駅	JR高山本線特急ひだ	富山駅	3時間55分 / 7790円
名古屋駅	JR北陸本線特急しらさぎ 3時間 → 金沢駅 → JR北陸新幹線(自由席) 23分	富山駅	3時間40分 / 8840円
名古屋駅	JR特急しなの81号 ※繁忙期のみ運転	信濃大町駅	2時間59分 / 7020円
大阪駅	JR北陸本線特急サンダーバード 2時間40分 → 金沢駅 → JR北陸新幹線(自由席) 23分	富山駅	3時間15分 / 9060円
大阪駅	JR北陸本線特急サンダーバード 2時間40分 → 金沢駅 → JR北陸新幹線(自由席) 14分	新高岡駅	3時間05分 / 7850円

※2022年5月現在

🚌 バスで

出発	経路	到着	所要時間・料金
仙台駅東口	JRバス東北「百万石ドリーム政宗号」<予約制> 1日1便(夜行)	富山駅前	8時間5分 / 8600〜9600円
東京駅(八重洲南口)	JRバス関東「グランドリーム金沢号」ほか<予約制> 1日1〜2便(夜行) ※減便運行中	富山駅前	7時間40分 / 3300〜1万1500円
池袋駅東口	西武バス・富山地鉄バス・加越能高速バス「富山・高岡・氷見線」<予約制> 1日2〜5便(うち1〜2便は夜行) ※金〜日曜と特定日に減便運行中	富山駅前	6時間30分 / 5100〜8400円
名古屋駅(名鉄バスセンター)	名鉄バス「名古屋・富山線」<予約制> 1日9〜14便(うち1〜2便は夜行) ※減便運行中	富山駅前	3時間37分 / 3300〜5800円
名古屋駅(新幹線口)	JR東海バス「北陸ドリーム名古屋号」<予約制> 1日1便(夜行)	富山駅前	5時間20分 / 4990〜5810円
名古屋駅(ミッドランドスクエア前)	イルカ交通「きときとライナー」<予約制> 1日4〜6便 ※減便運行中 → 五箇山インター口 ※一部の便は通過	高岡駅瑞龍寺口	3時間40分 / 3500〜4000円
名古屋駅(名鉄バスセンター)	加越能バス・名鉄バス<予約制> 1日4〜7便(うち2〜3便は氷見まで運行) ※減便運行中	高岡駅前(北口)	3時間35分 / 3000〜3800円
名古屋駅(名鉄バスセンター)	岐阜バス<予約制> 1日4便	白川郷BT	3時間42分 / 3000〜4000円
大阪・阪急梅田	阪急バス・富山地鉄バス<予約制> 1日2〜4便(うち1便は夜行) ※減便運行中	富山駅前	5時間35分〜8時間2分 / 5000〜7500円
大阪駅北口(JR高速BT)	西日本JRバス「百万石ドリーム大阪号」<予約制> 1日1便(夜行)	富山駅前	8時間36分 / 4900〜9900円

※2022年5月現在

飛行機で

札幌 （新千歳空港）	ANA 1日1便	→	富山きときと 空港	… 1時間30分
東京 （羽田空港）	ANA 1日3便	→		… 1時間

※2022年5月現在

車で

※ねだんは普通車ETC利用で左側が平日料金、右側が休日料金です

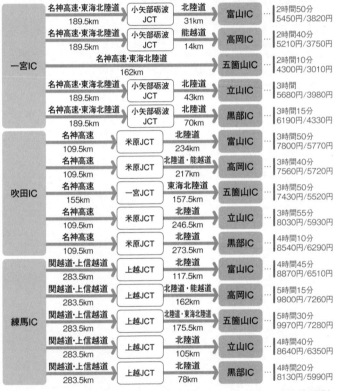

一宮IC	名神高速・東海北陸道 189.5km	小矢部砺波 JCT	北陸道 31km	富山IC	2時間50分 5450円/3820円
	名神高速・東海北陸道 189.5km	小矢部砺波 JCT	能越道 14km	高岡IC	2時間40分 5210円/3750円
	名神高速・東海北陸道 162km			五箇山IC	2時間10分 4300円/3010円
	名神高速・東海北陸道 189.5km	小矢部砺波 JCT	北陸道 43km	立山IC	3時間 5680円/3980円
	名神高速・東海北陸道 189.5km	小矢部砺波 JCT	北陸道 70km	黒部IC	3時間15分 6190円/4330円
吹田IC	名神高速 109.5km	米原JCT	北陸道 234km	富山IC	3時間50分 7800円/5770円
	名神高速 109.5km	米原JCT	北陸道・能越道 217km	高岡IC	3時間40分 7560円/5720円
	名神高速 155km	一宮JCT	東海北陸道 157.5km	五箇山IC	3時間50分 7430円/5520円
	名神高速 109.5km	米原JCT	北陸道 246.5km	立山IC	3時間55分 8030円/5930円
	名神高速 109.5km	米原JCT	北陸道 273.5km	黒部IC	4時間10分 8540円/6290円
練馬IC	関越道・上信越道 283.5km	上越JCT	北陸道 117.5km	富山IC	4時間45分 8870円/6510円
	関越道・上信越道 283.5km	上越JCT	北陸道・能越道 162km	高岡IC	5時間15分 9800円/7260円
	関越道・上信越道 283.5km	上越JCT	北陸道・東海北陸道 175.5km	五箇山IC	5時間30分 9970円/7280円
	関越道・上信越道 283.5km	上越JCT	北陸道 105km	立山IC	4時間40分 8640円/6350円
	関越道・上信越道 283.5km	上越JCT	北陸道 78km	黒部IC	4時間20分 8130円/5990円

※2022年5月現在

☎ 問合先

鉄道
●JR西日本（お客様センター）
☎0570-00-2486
●JR東日本
（お問い合わせセンター）
☎050-2016-1600
●JR東海（テレフォンセンター）
☎050-3772-3910
●あいの風とやま鉄道
☎076-444-1300
●富山地方鉄道（テレホンセンター）
☎076-432-3456
●黒部峡谷鉄道（お客さまセンター）
☎0765-62-1011
●万葉線
☎0766-25-4139

高速バス
●西武バス
☎0570-025-258
●JRバス関東
☎0570-048905
●名鉄バス
☎052-582-0489
●JR東海バス
☎0570-048939
●西日本JRバス
☎0570-00-2424
●阪急バス
☎0570-089006
●イルカ交通
☎0766-21-7777
●岐阜バス
☎058-201-0489

路線バス
●富山地鉄バス（テレホンセンター）
☎076-432-3456
●加越能バス（乗車券センター）
☎0766-21-0950

航空会社
●全日空（ANA）
☎0570-029-222

日本道路交通情報センター
●富山情報
☎050-3369-6616
●北陸道・東海北陸道情報
☎050-3369-6767

交通ガイド ● 富山への交通

🎫 おトクなきっぷを活用しよう

●お先にトクだ値
JR東日本の「えきねっと」サイトから申し込み購入する会員限定サービス。13日前の午前1時50分までに申し込めば北陸新幹線の指定席特急券が30%割引になる。東京～富山間は8930円に。「えきねっと」の会員登録は無料。

●北陸観光フリーきっぷ
名古屋から特急ひだ号・しらさぎ号の普通車指定席を利用して高山線と北陸線を周遊するきっぷ。北陸新幹線の金沢～黒部宇奈月温泉間を含む自由周遊区間は乗り降り自由。名古屋発で1万6230円、4日間有効。各駅または旅行会社で購入可能。

●レール&レンタカーきっぷ
あらかじめネットで駅レンタカーの予約をしておき、JR駅みどりの窓口で新幹線のチケットなどと一緒に駅レンタカー券を購入するシステム。Sクラスで24時間7540円（免責補償料込み）、JR特急料金が10%割引、乗車券が20%割引になる。

INDEX さくいん

富山タウン

あ

- 青山総本舗 ……………………27
- あまよっと横丁 ……………………29
- 粋鮨 富山店 ……………………25
- 池田屋安兵衛商店 ……………22・35
- 居酒屋 艶次郎 ……………………29
- 泉と滝の広場 ……………………19
- 囲炉裏 醸家 ……………………28
- 魚津埋没林博物館 ……………………14
- 薄氷本舗 五郎丸屋 ……………………32
- うなづき食菜館 ……………………33
- 梅かまミュージアム U-mei館 …34
- エスタ ……………………33
- 越中膳所 海の神山の神 本店 …28
- 越中八尾 おわら風の盆 ……42・107
- 越中八尾観光会館
  （八尾曳山展示館） ……………………40
- 越中八尾ベース OYATSU ……41
- 江戸前 寿司正 ……………………24
- 親爺 ……………………27
- 御料理 ふじ居 ……………………39

か

- 海鮮ど～ん ……………………25
- かねみつ ……………………33
- 河内屋 魚津本店 ……………………33
- 環水テラス ……………………19
- 北前船廻船問屋 森家 ……………………38
- きときと市場 とやマルシェ ……33
- キュイジーヌフランセーズ
  ラ・シャンス ……………………19
- 国登録有形文化財 旧馬場家住宅
  ……………………38
- glass×cafe Clie ……………………30
- 桂樹舎和紙文庫 ……………………41
- 高志の国文学館 ……………………34
- KOBO Brew Pub ……………………39

さ

- 酒菜工房だい ……………………29
- 魚処 やつはし ……………………29
- 純喫茶ツタヤ ……………………31
- SHOGUN BURGER ……27
- 城址公園 ……………………23
- 白えび亭 ……………………26
- しんきろうロード ……………………14
- STARBUCKS COFFEE
  富山環水公園店 ……………………18
- 諏訪町本通り ……………………40
- Swallow Cafe ……………………31
- 清進堂 ……………………22
- SOGAWA BASE ……23

た

- 高野屋 最中種店 ……………………32
- 田尻本店 ……………………39
- たてもん祭り ……………………107

- つりや 東岩瀬 ……………………39
- D&DEPARTMENT TOYAMA
  ……………………23
- 天ぷら 小泉 たかの ……………………29
- 天門橋 ……………………19
- ととやま ……………………33
- とやま観光案内所 ……………………17
- 富山きときと空港 まいどは屋 …33
- 富山県美術館 ……………………20
- 富山市ガラス美術館 ……………………21
- 富山市郷土博物館 ……………………34
- 富山地鉄ホテル ……………………34
- とやマルシェ のれん横丁 ……27

な

- 長江屋豆富店 ……………………41
- 西町大喜 本店 ……………………26

は

- パノラマレストラン光彩 ……34
- 番やのすし 古沢店 ……………………25
- 美術館プロムナード ……………………19
- BiBiBi&JURULi ……………………34
- 富岩運河環水公園 ……………………18
- 富岩水上ライン ……………………18
- フルーツパーラーむらはた
  富山大和店 ……………………30
- フルールリブラン 栄町総本店
  ……………………31・32
- ほたるいかミュージアム ……14
- ホテルJALシティ富山 ……34

ま

- まつ川 ……………………27
- 松川遊覧船 ……………………23・106
- 万里厘理 ……………………27
- MAROOT ……………………17
- 廻る富山湾 すし玉
  富山掛尾本店 ……………………25
- 美乃鮨 ……………………24
- 麺家いろは CiC店 ……………………34
- 木彫 岩峅 ……………………39
- もちもなか 源七 ……………………31
- もつ煮込みうどん 糸庄 本店 …26

や

- 八尾おわら資料館 ……………………40
- 山元食道 ……………………41

ら・わ

- La locanda del pittore
  環水公園 ……………………19
- 樂翠亭美術館 ……………………22
- Lovers ……………………21
- 和菓子 大塚屋 ……………………39

高岡・氷見・新湊

あ

- 雨晴海岸 ……………………50
- いみづ茶寮 ……………………50
- 鋳物工房 利三郎 ……………………49
- ヴィヴァーチェ ……………………52
- うどん茶屋 海津屋 ……………………55
- 海と湯と宿 ラ・セリオール …55
- 大寺幸八郎商店 ……………………49
- 大野屋 ……………………32・50

か

- 海王丸パーク ……………………56
- 海鮮問屋 柿の匠 ……………………50
- 割烹 翁 ……………………58
- 割烹 かわぐち ……………………58
- 割烹 松山 ……………………59
- KANAYA ……………………49
- Café mimpi ……………………50
- 川の駅新湊 ……………………57
- きときと亭 三喜 ……………………53
- CRAFTAN ……………………59
- 光山寺（新湊大仏と千体佛の寺）…57
- COMMA,COFFEE STAND …47

さ

- 桜ヶ池クアガーデン ……………………65
- 散居村展望広場 ……………………63
- 三権商店 ひみ番屋街店 ……53
- 漆器くにもと ……………………49
- 庄川峡湖上遊覧船 ……………………63
- じょうはな織館 ……………………64
- 城端曳山会館 ＆蔵群「蔵回廊」…64
- 城端別院 善徳寺 ……………………65
- 真宗大谷派（東本願寺）
  井波別院 瑞泉寺 ……………………66
- 新高岡駅観光交流センター …45
- 新湊かまぼこ工場 ……………………57
- 新湊観光船 ……………………57
- 新湊きっときと市場 ……57・59
- 瑞龍寺 ……………………46
- 寿司竹 ……………………59

た

- 高岡おとぎの森公園 ……………………51
- 高岡古城公園 ……………………51
- 高岡市鋳物資料館 ……………………47
- 高岡市 藤子・F・不二雄
  ふるさとギャラリー ……………………51
- 高岡市万葉歴史館 ……………………50
- 高岡大仏 ……………………46
- 高岡銅器展示館 ……………………49
- 高岡御車山会館 ……………………50
- 高岡御車山祭 ……………………107
- 髙澤酒造場 ……………………53
- 田村萬盛堂 ……………………65
- チューリップ四季彩館 ……62
- つりや ひみ番屋街店 ……………………52

🅐 観光みどころ 🅟 プレイスポット 🅡 レストラン・食事処 🅒 カフェ・喫茶 🅑 居酒屋・BAR 🅜 みやげ店・ショップ 🅗 宿泊施設 🅤 立ち寄り湯

となみ散居村ミュージアム……63
砺波チューリップ公園……62・106
となみチューリップフェア……62・107
となみ夢のスキー場……106
ドラえもんトラム……51
ドラえもんの散歩道……51
ドラえもんポスト……51

な

農家レストラン 大門……63
能作……48

は

浜焼き屋台かぶすや……52
帆船海王丸……56
番屋カフェ……57
ばんや料理 ひみ浜……54
氷見魚市場食堂……54
氷見沖クルージング……44
氷見温泉郷総湯……53
氷見きとと寿し 氷見本店……55
氷見牛専門店 たなか……55
氷見漁港場外市場 ひみ番屋街……52
氷見市潮風ギャラリー
　（藤子不二雄Ⓐアートコレクション）……45
ひみぶりフェア……107
氷見前寿し……53
ベル・モンターニュ・エ・メール……44

ま

松井機業 ショールーム……65
松葉寿司……54

や・ら・わ

山町ヴァレー……47
洋食屋ハロー……52
吉宗……50
ヨッテカーレ城端……65
レンタサイクル……47
若鶴酒蔵 三郎丸蒸留所……63

五箇山・白川郷

あ

相倉合掌造り集落……70
相倉伝統産業館……74
味処 高千代……72
石挽き手打ちそば・
　五箇山とうふ料理 拾遍舎……73
一茶……82
恵びす屋……83
お食事処 いろり……81
おみやげ・お食事処 相倉屋……73
御宿 結の庄（共立リゾート）……83

か

合掌乃宿 孫右ェ門……82
神田家……83
基太の庄……83

喫茶 落人……79
喫茶 今昔……83
喫茶 さとう……81
国指定重要文化財 岩瀬家……74
国指定重要文化財 合掌造り村上家
　……74
くろば温泉……75
五箇山旬菜工房いわな……72
五箇山総合案内所……69
五箇山とうふ工房喜平商店……73
五箇山民俗館……74
五箇山麦屋まつり……76
五箇山和紙漉き体験館……74
五箇山和紙の里……73
こきりこ祭り……76
こきりこ民芸（ささら編体験）……74
今藤商店……79

さ

茶房 掌……75
三笑楽酒造……75
下ごそ……折込表
白川郷観光協会……69
白川郷田島家養蚕展示館……83
菅沼合掌造り集落……71
静寂の宿 五箇山温泉 五箇山荘……75
蕎麦 脇本……80

た・な

茶店 まつや……72
であい橋……79
展望台……78
南砺市立相倉民俗館……74
南砺市立塩硝の館……74

は

白山荘……83
白水園……80
羽馬製菓……75
文化喫茶 郷愁……83

ま

ます園 文助……81
土産・お休み処 あらい……75
明善寺……79
民宿 勇助……75

や・わ

野外博物館 合掌造り民家園……83
和田家……78

立山黒部アルペンルート

か

黒部湖遊覧船ガルベ……88
黒部平……90・折込表
黒部平庭園……90
黒部平売店……90
黒部平パノラマテラス……90

黒部ダム……88・折込表
黒部ダムレストハウス……89
黒部の湧水……89

さ・た

称名滝……折込表
大観峰……91・折込表
大観峰雲上テラス……91
立山高原ホテル……93
立山室堂山荘……93
ダムえん堤……89
ダム新展望広場……89
ダム展望台……89

は・ま・ら

美女平……折込表
ホテル立山……92
みくりが池温泉……92
弥陀ヶ原……折込表
室堂ターミナル……87
雪の大谷……折込表
らいちょう温泉雷鳥荘……93

黒部峡谷・宇奈月温泉

あ

あさひ舟川「春の四重奏」……104・106
味処 河鹿……104
後曳橋……99
宇奈月温泉観光案内所……97
宇奈月温泉総湯「湯めどころ宇奈月」
　……104
延対寺荘……103
延楽……102
小川温泉元湯ホテルおがわ……104
奥鐘橋&人喰岩……99
想影展望台……97

か

鐘釣駅……99
鐘釣温泉（河原露天風呂）……101
カフェ モーツァルト……104
河原展望台・足湯……99
黒薙温泉旅館……100
黒部・宇奈月温泉 桃源……103
黒部・宇奈月温泉 やまのは……102
黒部川電気記念館……104
黒部峡谷トロッコ電車……98
黒部万年雪展望台……99
欅平温泉猿飛山荘……101

さ・は・ま・や

酒井菓子舗……104
セレネ美術館……104
ホテル黒部……103
名剣温泉旅館……101
山小屋祖母谷温泉……100
やまびこ展望台……99

ココミル
cocomiru

富山
五箇山 白川郷
立山黒部
中部⑨

楽しい旅しましょ♪

2022年6月15日初版印刷
2022年7月1日初版発行

編集人：福本由美香
発行人：盛崎宏行
発行所：JTBパブリッシング
〒162-8446　東京都新宿区払方町25-5
https://jtbpublishing.co.jp/
編集：03-6888-7860
販売：03-6888-7893
編集・制作：情報メディア編集部
組版：佐川印刷
印刷所：佐川印刷
編集・取材：K&Bパブリッシャーズ
AVANCER（沖崎松美／岡崎佐智子／山下あつこ）
間貞麿／伊勢本ゆかり／好地理恵／遠藤優子

表紙デザイン・アートディレクション：APRIL FOOL Inc.
本文デザイン：APRIL FOOL Inc.／K&Bパブリッシャーズ
撮影・写真協力：居村元／宮島直史／クリアライト（山城卓也）
三津努／横井弘幸／シンヤシゲカズ／舘写真事務所／CAP／村岡英治
坂本博文／宮地工／PIXTA／立山黒部貫光／関係各施設・市町村
地図：ゼンリン／千秋社／ジェイ・マップ
イラスト：平澤まりこ

本誌掲載の地図は以下を使用しています。
測量法に基づく国土地理院長承認（使用）R 2JHs 293-971号、R 2JHs 294-446号

本書掲載のデータは2022年4月末日現在のものです。発行後に、料金、営業時間、定休日、メニュー等の営業内容が変更になることや、臨時休業等で利用できない場合があります。また、各種データを含めた掲載内容の正確性には万全を期しておりますが、おでかけの際には電話等で事前に確認・予約されることをお勧めいたします。なお、本書に掲載された内容による損害賠償等は、弊社では保障いたしかねますので、予めご了承くださいますようお願いいたします。

本書掲載の商品は一例です。売り切れや変更の場合もありますので、ご了承ください。

本書掲載の料金は消費税込みの料金ですが、変更されることがありますので、ご利用の際はご注意ください。入園料などは特記のないものは大人料金です。
定休日は、年末年始・お盆休み・ゴールデンウィークを省略しています。
本書掲載の利用時間は、特記以外原則として開店（館）〜閉店（館）です。オーダーストップや入店（館）時間は通常閉店（館）時刻の30分〜1時間前ですのでご注意ください。
本書掲載の交通表記における所要時間はあくまでも目安ですのでご注意ください。

本書掲載の宿泊料金は、原則としてシングル・ツインは1室あたりの室料です。1泊2食、1泊朝食、素泊に関しては、1室2名で宿泊した場合の1名料金です。料金は消費税、サービス料込みで掲載しています。季節や人数によって変動しますので、お気をつけください。

本書掲載の温泉の泉質・効能は源泉のもので、個別の浴槽のものではありません。各施設からの回答をもとに原稿を作成しています。

本書の取材・執筆にあたり、ご協力いただきました関係各位に厚くお礼申し上げます。

おでかけ情報満載　https://rurubu.jp/andmore/

223205　280390
ISBN978-4-533-14983-2 C2026
©JTB Publishing 2022
無断転載禁止　Printed in Japan
2207